재난 · 재해 · 전쟁 대비법 워크북

우만직 지음

서울의샘

프롤로그

우리는 지금 정신을 가다듬기 어려울 정도로 빠르게 변하는 시대에 살고 있습니다. 기후 변화는 이제 '지구 온난화'라는 말로는 부족할 만큼 심각해졌고, 전문가들은 2025년 여름이 앞으로 우리가 겪게 될 여름 중 가장 시원한 여름이 될 것이라고 경고합니다. 한때는 먼 미래의 일로 여겨졌던 환경 재난이 이제는 일상 깊숙이 들어와 우리의 삶을 직접적으로 위협하고 있습니다. 마치 경고 없이 다가오는 파도처럼, 변화는 이미 우리 발밑에 닿아 있습니다.

코로나19를 비롯한 각종 전염병의 반복적인 확산은 세계 경제를 더욱 불안정하게 만들고 있습니다. 경제학자들은 앞다투어 1929년 세계 대공황의 재현을 우려하고 있고, 실제로 세계 곳곳에서 체감되는 물가 상승과 생활 불안은 그 예측이 결코 과장이 아님을 실감케 합니다. 어디서부터 무엇이 잘못되었는지 설명하기 어려울 만큼 여러 요인이 복합적으로 얽혀 있으며, 사람들은 점점 더 일상의 불확실성 속에 놓이고 있습니다.

한편, 전쟁과 테러, 대규모 자연재해는 더 이상 뉴스 속 이야기만은 아닙니다. 멀리 있는 '그들'의 사건이 아닌, '우리'의 이야기로 다가오고 있습니다. 하룻밤 사이에 무너지는 도시, 예고 없이 찾아오는 정전과 식수난, 도로를 삼키는 산사태와 해일은, 지금 이 순간에도 누군가에게는 현실입니다.

우리나라 역시 이러한 위기에서 결코 자유롭지 않습니다. 한반도는 지진과 홍수, 태풍 등의 자연재해에 점점 더 자주 노출되고 있으며, 국제 정세의 변화 또한 우리의 안전에 예기치 못한 영향을 미치고 있습니다. 이럴 때일수록 필요한 것은 유비무환의 정신입니다. 미리 준비가 되어 있으면 걱정할 것이 없습니다. 위기는 반드시 찾아오지만, 준비된 자만이 그 위기를 이겨낼 수 있습니다. 위기는 한순간이지만, 준비는 일상의 태도입니다.

이 책은 다가올 재난과 재해에 대해 경각심을 일깨우고, 실제로 무엇을 어떻게 준비해야 하는지 구체적인 실천 방안을 나누기 위해 기획되었습니다. 유튜브나 SNS를 통해 다양한 정보들이 넘쳐나지만, 오히려 정보의 홍수 속에서 핵심을 놓치기 쉬운 요즘입니다. 체계적이고 신뢰할 수 있는 하나의 기준이 필요한 시점이며, 이 책이 그러한 기준이 되어줄 수 있기를 바랍니다. 또한 일반 사람들 사이에서 퍼지는 불안감을 낮추기 위한 목적도 있습니다. 준비할수록 불안감은 줄어듭니다.

"하늘은 스스로 돕는 자를 돕는다"는 말처럼, 우리는 언제나 위기 속에서 스스로를 지키는 힘을 길러야 합니다. 어쩌면 이 모든 문제는, 우리가 자연을 돌보지 않고 무심히 지나쳐온 결과일지도 모릅니다. 지금 우리가 겪고 있는 불안과 위기는 자연의 분노로 비롯된 것일 수도 있고, 우리가 외면해온 현실의 반영일 수도 있습니다. 이제는 외면하지 말아야 할 때입니다.

이 책이 준비의 중요성을 다시금 일깨우고, 구체적인 행동으로 옮길 수 있는 작은 동기가 되기를 진심으로 바랍니다. 이 책이 누군가의 가방 속에, 책상 위에, 혹은 아이와 부모가 함께하는 대화 속에 놓여 위기 속의 길잡이가 되기를 바랍니다. 어떤 재난 속에서도 하늘이 도와주고 싶은 사람으로 거듭나기 위해, 우리는 오늘부터 조금씩 달라져야 하겠습니다. 이러한 준비는 혹시 모르는 미래를 대비하기 만을 위한 것이 아니라, 지금 누리는 삶을 더욱 단단히 껴안으려는 사랑의 표현이기 때문입니다.

봄비가 잦은 2025년 5월에,
우만직 드림.

저자 우만직

군대에서 심신을 강하게 하는 법을 배웠다. 교도소 보안요원으로 근무하면서 온갖 재난과 재해 대비법도 공부했다. 온실 속의 화초가 아니라 잡초같이 강인한 의지로 살아와 자신의 강인함에 대해 자부심을 가지고 있다. 재난에 봉착하게 될 이웃에게 도움을 주고자 이 책을 썼다.

목차

프롤로그

워크북

[워크북] 나만의 비상가방 아이템 정리   12
[요약] 재난가방 완전 필수품 TOP 11   13
[워크북] 나만의 비상 연락망   24
[워크북] 우리 가족 비상 연락처   25
[워크북] 우리동네 대피소 정보   28
[워크북] 우리 가족 대피소   29
부록: 대피시설 정보   30
[워크북] 응급상황 연습 스케줄   32
부록: 영아 하임리히법   33
부록: 심폐소생술   34
부록: 성인 하임리히법   35

1장. 필수 생존 준비법

    1-1. 비상식량과 물 준비법   38

    1-2. 생존 가방 싸기   44

    1-3. 응급처치 키트 및 의약품 준비   50

    1-4. 비상 대비 경로 및 계획 세우기   56

    1-5. 재난 대비 필수 장비   62

    1-6. 위급 상황에서의 통신 방법   68

    1-7. 재난 대비 자기방어 및 안전 확보   74

    1-8. 재난 상황별 행동 요령   78

    1-9. 가족 및 이웃과의 협력 방법   84

    1-10. 심리적 대비 및 멘탈 관리   88

2장. 자연재해별 대비책

2-1. 지진 발생 시 행동 요령	96
2-2. 태풍과 강풍 대비책	102
2-3. 홍수 및 폭우 대처법	108
2-4. 산사태 예방 및 대응 방법	114
2-5. 폭염과 한파 대비법	121
2-6. 번개와 낙뢰 사고 예방법	128
2-7. 화산 폭발 시 생존법	134
2-8. 쓰나미 발생 시 대피 요령	141
2-9. 가뭄과 식수 부족 대비책	148
2-10. 산불 발생 시 행동 요령	155

3장. 사회혼란 대비책

    3-1. 전쟁 전　　　　　　　164

    3-2. 전쟁 시작　　　　　　168

    3-3. 전쟁 후　　　　　　　172

    에필로그　　　　　　　　178

간단히 보고 내가 직접 준비하는
워크북

[워크북] 나만의 비상가방 아이템 정리

- ☐ _____
- ☐ _____
- ☐ _____
- ☐ _____
- ☐ _____
- ☐ _____
- ☐ _____
- ☐ _____
- ☐ _____
- ☐ _____
- ☐ _____
- ☐ _____
- ☐ _____
- ☐ _____
- ☐ _____

[요약] 재난가방 완전 필수품 TOP 11

1. 생수 (500ml ~ 1L × 3개 이상)
2. 고열량 비상식량
3. 정수 필터 또는 정수 정제제
4. 응급처치 키트
5. 손전등 및 예비 배터리
6. 멀티툴 (다용도 칼 포함)
7. 라이터 + 방수 성냥
8. 보온 담요 (은박 비상담요)
9. 휴대폰과 비상충전기
10. 신분증 사본 + 현금 소액
11. 휴지, 치약, 칫솔, 속옷, 양말

-> 재난 상황에 필요한 물품은 개개인마다 모두 다르다. 추가적으로 필요한 물건은 뒤 100여가지 준비물 제안 옵션을 보고 스스로 찾아서 꾸리는 편이 좋다. 정답은 없다.

부록: 재난 재해 전쟁 시 준비물 100여 가지

생존 필수품 (식량, 물 관련)

1. 생수 (1인당 최소 하루 2리터, 3일 이상분)
2. 정수 필터 또는 정수 정제제
3. 휴대용 물통, 워터백, 휴대용 정수기 및 필터
4. 즉석 식량 (레토르트, 군용식 등)
5. 통조림 (참치, 햄, 꽁치 등)
6. 건빵, 분유, 씨리얼
7. 장기 보관 가능한 곡물, 건어물
8. 필수 건강기능식품 (비타민C 등)
9. 곡물 및 비상물 담는 밀폐용기
10. 고열량 바 (에너지 바, 견과류 바)
11. 휴대폰, 스토브
12. 휴대용 연료 (알코올, 부탄가스 등)
13. 성냥, 방수 성냥, 라이터
14. 조리도구 (냄비, 컵, 스푼)
15. 휴대용 식기세트
16. 통조림 따개, 오프너

부록: 재난 재해 전쟁 시 준비물 100여 가지

17. 커피/차 (정신 안정용)

18. 소금과 설탕 (이온음료 제조용)

19. 간장, 된장 등 장류

20. 생존가방 (배낭)

의약 및 위생용품

21. 구급상자 (밴드, 거즈, 소독약, 연고, 붕대 등)

22. 비타민C, 포도당 캔디

23. 항생제, 진통제, 지사제

24. 개인 복용 약품 (처방약)

25. 소염진통제 (타이레놀, 이부프로펜 등)

26. 상처 연고 (항생제 크림)

27. 손 소독제 (알코올 기반)

28. 마스크 (KF94 권장)

29. 생리용품

30. 물티슈

31. 화장지

부록: 재난 재해 전쟁 시 준비물 100여 가지

    32. 비누

    33. 치약, 칫솔

    34. 핀셋

    35. 가위

    36. 손톱깎기

    37. 일회용 장갑

    38. 모기 기피제

    39. 면도기

    40. 응급용 아이스팩

    41. 응급용 핫팩

의복 및 보호 장비

    42. 방수복, 방풍복

    43. 여분 속옷과 양말

    44. 튼튼한 신발

    45. 모자 (방한/방열용)

    46. 장갑 (작업용/보온용)

부록: 재난 재해 전쟁 시 준비물 100여 가지

47. 비상용 알루미늄 담요

48. 우비, 판초

49. 수건

도구 및 장비

50. 기초 재봉도구 (바늘과 실)

51. 열 반사 포일

52. 다용도 칼

53. 랜턴 (충전식/건전지식)

54. 손전등

55. 양초 (티라이트)

56. 건전지 (AA, AAA 등)

57. 헤드램프

58. 태양광 충전기

59. 휴대용 충전기 (보조배터리)

60. 호루라기

61. 다용도 줄 (밧줄, 파라코드 등)

부록: 재난 재해 전쟁 시 준비물 100여 가지

62. 접이식 삽

63. 방한 매트 또는 침낭

64. 테이프

65. 고글 (먼지, 연기 보호용)

66. 방독면 또는 간이 마스크

67. 라디오 (AM/FM/비상 주파수 가능)

68. 나침반, 지도

69. 필기도구 (펜, 방수 노트)

70. 비상용 위생 화장실 키트

서류 및 금융 관련

71. 신분증 복사본

72. 여권

73. 의료기록 복사본

74. 가족 연락처 목록

75. 비상계획서 사본

76. 소량의 현금 (지폐 위주)

부록: 재난 재해 전쟁 시 준비물 100여 가지

77. USB 백업 (중요 파일 저장)

78. 방수 지퍼백 (서류 보관용)

통신 및 정보 수단

79. 지역 피난 경로 지도

80. 휴대폰

81. 휴대폰 충전기

82. 무전기

83. 긴급 사이렌 앱 또는 장치

84. 라디오 수신기

기타 유용한 항목

85. 비상식량 저장통

86. 플라스틱 지퍼백 (다용도용)

87. 쓰레기봉투

88. 끈, 밧줄

89. 접이식 의자와 테이블

부록: 재난 재해 전쟁 시 준비물 100여 가지

90. 책

91. 가족사진 (정서적 안정용)

92. 귀마개 (소음 차단용)

93. 방충망 또는 모기장

94. 작은 텐트 또는 쉘터

95. 차량용 점프 케이블

96. 연료 보관통

97. 소형 소화기

98. 사냥·낚시도구 (장기 생존 대비)

99. 무기나 자기방어 수단

    (스프레이, 야구방망이 허가 된 것으로 준비)

100. 비상 연락처 팔찌 (아이용)

101. 아이용 장난감 (심리 안정용)

102. 애완동물 사료 및 물

103. 애완동물 이동장

104. 애완동물 밥그릇

부록: 재난 재해 전쟁 시 준비물 100여 가지

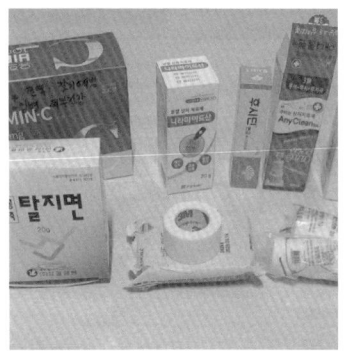

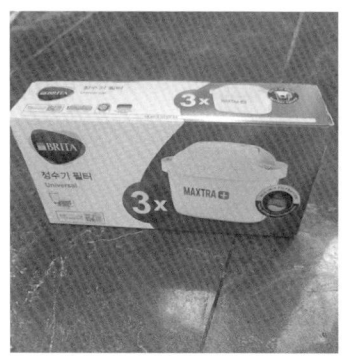

부록: 재난 재해 전쟁 시 준비물 100여 가지

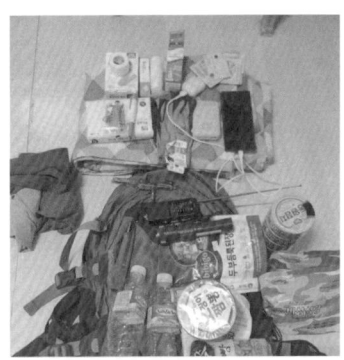

부록: 재난 재해 전쟁 시 준비물 100여 가지

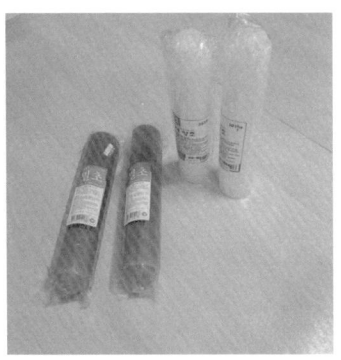

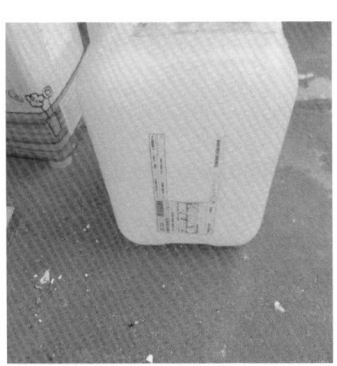

[워크북] 나만의 비상 연락망

- ☐ _____
- ☐ _____
- ☐ _____
- ☐ _____
- ☐ _____
- ☐ _____
- ☐ _____
- ☐ _____
- ☐ _____
- ☐ _____
- ☐ _____
- ☐ _____
- ☐ _____
- ☐ _____
- ☐ _____
- ☐ _____

[워크북] 우리 가족 비상 연락처

이름	연락처	비상시 역할

부록: 대한민국 긴급 연락처 목록

생명과 직결된 긴급 상황

1. 소방·구급 (화재, 구조, 구급): ☎ 119
2. 경찰 (범죄 신고, 실종 등): ☎ 112
3. 해양 사고/조난 시 구조 요청: ☎ 122
4. 산악 조난 구조 요청 (산악구조대): ☎ 119
   또는 국립공원 상황실

보건·전염병 관련

5. 질병관리청 (감염병 상담, 코로나 등): ☎ 1339
6. 국민건강보험공단 (건강보험): ☎ 1577-1000

심리 상담 및 지원

7. 정신건강 상담 전화 (24시간 운영): ☎ 1577-0199
8. 청소년 전화 (청소년 고민 상담): ☎ 1388
9. 사이버범죄 신고/상담: ☎ 182

부록: 대한민국 긴급 연락처 목록

생활 민원·행정 정보

    10. 정부 대표 민원 안내 (행정·생활 전반): ☎ 110
        (정부민원안내 콜센터)

    11. 전기 고장 신고 (한전 고객센터): ☎ 123

    12. 수도 누수·단수 신고 (지자체 수도사업소):
        지역번호 + 120 또는 각 시·군·구청
        가스 누출 신고 (도시가스 긴급 신고):
        ☎ 1544-4500 (지역별 상이)

기타 유용한 번호

    13. 한국도로공사 고속도로 상황 안내: ☎ 1588-2504

    14. 기상청 날씨정보 안내: ☎ 131

    15. 원자력 안전 및 방사능 상담: ☎ 1588-0900

    16. 금융사기·보이스피싱 신고: ☎ 1332

[워크북] 우리동네 대피소 정보

1.
주소:
별칭:
메모:

2.
주소:
별칭:
메모:

3.
주소:
별칭:
메모:

4.
주소:
별칭:
메모:

[워크북] 우리 가족 대피소

[1차] 도보로 5~10분

장소 이름:

주소:

도달 방법:

[2차] 도보 30~1시간

장소 이름:

주소:

도달 방법:

[3차] 장기 체류 가능 피난처

장소 이름:

주소:

도달 방법:

부록: 대피시설 정보

민방위 대피시설

  용도: 공습, 전쟁, 화생방 공격 대비

  위치: 지하철역, 지하주차장, 대형빌딩 지하 등

  특징: 콘크리트 구조물, 유리창 없음, 내폭 설계

자연재해 대피소

  용도: 태풍, 지진, 홍수, 해일 등 자연재해 발생 시 대피

  위치: 학교 체육관, 주민센터, 복지관 등 공공시설

  특징: 침구, 취사도구 등 구비 (지역에 따라 상이)

  지자체 운영: 시군구청에서 실시간 운영 여부 공지

자연재해 대피소

  용도: 해안지역 쓰나미, 해일 발생 시 대피

  위치: 고지대 공원, 산, 구조물 위 등

  표시: 바닷가 인근 초록색 '해일 대피장소' 표지판 있음

  특징: '3km 내륙' 또는 '고도 30m 이상' 이동 권장

부록: 대피시설 정보

임시 대피소 (산불·화재 등)
　　　용도: 산불, 화재 발생 시 임시 대피
　　　위치: 마을회관, 경로당, 초등학교 등
　　　특징: 지역 상황에 따라 지정 및 변동
　　　운영: 산림청, 지자체 상황실에서 결정

방사능 재난 대피소
　　　용도: 원전 사고 등 방사능 유출 시 대피
　　　위치: 반경 30km 이내의 (대규모 체육관, 학교 등)
　　　추가 행동: 요오드 정제 복용, 밀폐된 공간 확보

대피소 찾는 방법
1. 행정안전부 '안전디딤돌' 앱: 민방위 대피소, 자연재해 대피소, 병원, 약국, AED 위치 등 확인 가능
2. 포털 검색: "지역명 + 대피소"
3. 지자체 홈페이지: 대부분 '재난/안전' 또는 '생활정보' 메뉴에서 확인 가능

[워크북] 응급상황 연습 스케줄

1.

응급 상황:

연습 인원:

연습 일시:

2.

응급 상황:

연습 인원:

연습 일시:

3.

응급 상황:

연습 인원:

연습 일시:

4.

응급 상황:

연습 인원:

연습 일시:

부록: 영아 하임리히법

영아 하임리히법
(생후 1개월 - 12개월)

1. 척색증, 쉰 울음소리가 들리면 기도 폐쇄로 판단하고 즉시 119에 신고한다

2. 왼손은 턱, 오른손은 뒤통수에 대고 천천히 안아올린다

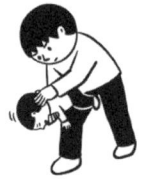

3. 아가의 머리가 아래를 향하도록 엎드려 눕힌다

4. 손 뒤꿈치로 영아 어깨뼈 사이를 강하게 5번 두드린다

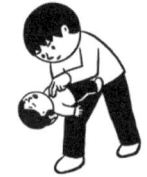

5. 몸을 돌려 검지나 중지, 중지나 양지 중 두 손가락을 사용해 강하고 빠르게 5회 가슴압박을 실시한다. 이물질이 나오거나 119가 도착할 때까지 반복한다

부록: 심폐소생술

생명을 살리는 심폐소생술 방법

1. 반응확인 및 119신고

어깨를 두드려 의식 및 호흡을 확인하고 주변사람에게 119신고 부탁

2. 응급의료상담원 전화

119전화를 통해 상담원에게 심폐소생술 방법 도움

3. 가슴압박 실시

두 손을 깍지 끼고 손바닥 뒤꿈치로 가슴뼈 아래쪽 1/2지점 중앙 위치에서 가슴압박 실시

1초에 2회 속도로 약 5cm 깊이   90°

부록: 성인 하임리히법

성인 하임리히법

1. 상태 확인 후 119 신고
2. 자발적인 기침 유도, 기침을 못할 경우 복무 밀어내기 시행

3. 배꼽과 명치 중간에서 오른손으로 왼주먹을 감싸고 안쪽에서 위로 강하게 밀어냄

1장
필수 생존 준비법

1-1. 비상식량과 물 준비법

재난이나 전쟁, 사회적 혼란이 발생했을 때 가장 먼저 확보해야 할 것은 생존을 위한 기본 자원인 식량과 물이다. 평소에는 쉽게 구할 수 있는 것들이지만, 위기 상황이 닥치면 그 평범함조차도 사치가 된다. 전기와 수도가 끊기고 외출이 제한되는 상황에서는 근처 편의점조차 이용할 수 없으며, 전기 없이 카드 결제도 불가능하다. 유통망이 마비되고 공급이 끊기면 돈이 있어도 물건을 구하지 못하게 된다. 따라서 이러한 상황에서는 재난을 '잠시의 원시시대'로 간주하고, 현대 문명의 편의를 잠시 접어둔 채 스스로의 생존을 준비해야 한다. 가장 기본이 되는 물과 식량을 사전에 충분히 확보하고 올바르게 저장해야 한다.

■ 비상용 물의 필요량 계산
- 1인당 하루 2~4리터 필요 (음용 + 조리용 + 위생용)
- 3일~2주 사용할 수 있는 양 준비
- 가족 구성원 및 반려견까지 고려
- 예) 2~4리터, 4인 가족, 3일치 = 200L 확보 권장.

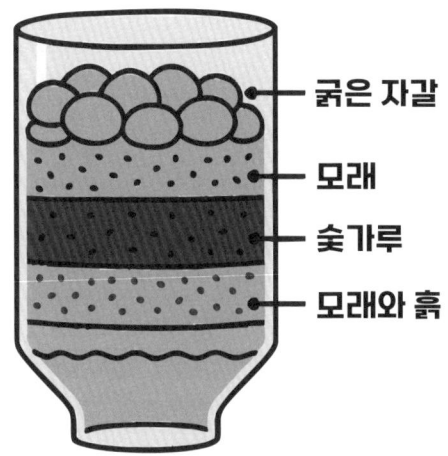

재난 시 물 정수 방법

■ 비상용 물 저장 방법

- 시판 생수 구입: 유통기한 1~2년, 직사광선을 피한 장소에 보관하고 주기적으로 교체
- 대용량 물통 활용: 10~20L 물통 5통 이상 준비, 일부는 미리 채워두고 일부는 긴급 시 채울 수 있도록 함
- 욕조, 세면대 물 비축: 전조 증상 발생 시 즉시 물 저장

■ 물 정수 및 소독 방법

- 끓이기: 1~3분간 끓여 세균·바이러스 제거
- 휴대용 정수기: 라이프스트로우, 세라믹 필터 등 사전 구비, 필터 수명 고려하여 예비 필터도 확보
- 정수약 사용: 아쿠아탭스, 요오드 정제 등(1정당 4~5L 정화, 30분 대기 후 음용)
- 락스 사용: 무향·무색 락스를 2L 물에 8방울(스포이드 사용), 30분 후 음용 가능
- 태양광 소독: 투명 페트병에 물을 담아 햇볕에 6시간

이상 노출

■ 물 관련 추가 대비사항

- 지역 급수시설 위치 확인 및 실사
- 물티슈, 손 소독제 등 위생용품 준비로 물 사용량 절약
- 빗물 활용: 비가 올 경우 욕조나 대야 등을 이용해 빗

물 저장

■ 비상식량 선택 기준

- 장기 보관 가능한 식품 (유통기한 6개월~5년 이상)
- 별도의 조리 없이 섭취할 수 있는 간편식
- 탄수화물, 단백질, 지방이 균형 잡힌 영양 구성
- 가볍고 이동 및 보관이 쉬운 형태

■ 추천 비상식량 목록

- 즉석 섭취 식품: 건빵, 비스킷, 에너지바, 초콜릿, 통조림(참치, 닭고기, 과일 등), 견과류, 말린 과일 등
- 간편 조리 식품: 라면, 즉석밥, 컵밥, 국, 카레, 동결건조 수프, 미숫가루 등
- 장기 보관 식량: 쌀, 건조 콩, 밀가루, 오트밀, 시리얼, 소금, 설탕, 간장, 된장, 고추장, 조미료 등
- 보충 식품: 전지분유, 유아용 이유식, 비타민제, 꿀 등
- 믹스커피: 탄수화물, 지방, 단백질이 모두 들어 있어 비상시에 식량으로 활용 가능

■ 비상식량 보관 요령

- 회전 보관(Rotation): 유통기한이 임박한 식품부터 먼저 소비하고 새 제품으로 보충
- 밀폐 용기 및 방습제 활용: 곡류, 견과류, 분말류는 밀폐하여 직사광선을 피한 서늘한 장소에 보관
- 식량 목록 작성: 보관 식량 목록을 작성하고 각 식품의 유통기한을 체크해 정기적으로 점검

※ 요약
1. 비상식량과 물은 최소 3일, 가능하면 2주분 준비한다.
2. 가족 구성원의 필요(아이, 노약자, 반려동물 포함)에 맞춰 식량 종류를 조절한다.
3. 유통기한을 정기적으로 확인하고 회전 보관한다.
4. 다양한 정수 수단을 확보한다.
5. 영양과 위생 유지를 위해 균형 잡힌 구성을 계획한다.

1-2. 생존 가방 싸기

재난이나 전쟁, 사회적 혼란과 같은 위급한 상황에서는 언제든 즉시 이동할 수 있도록 사전 준비된 생존 가방(Go Bag)이 필수적이다. 생존 가방은 최소한의 생존을 보장할 수 있는 물품을 갖춘 비상용 배낭으로, 가볍고 실용적으로 구성해야 하며, 가족 구성원별로 상황에 맞게 준비하는 것이 중요하다.

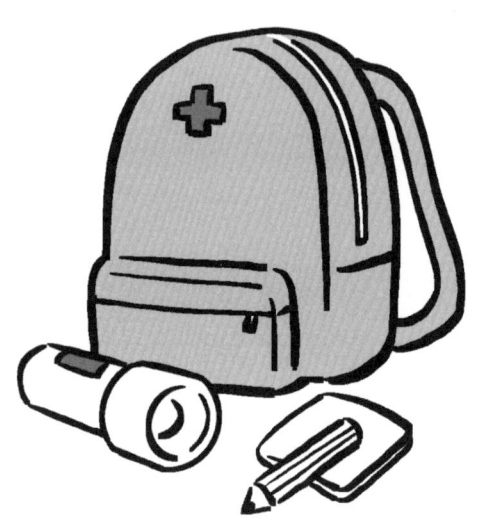

■ 생존 가방의 중요성
- 긴급 대피 시 신속한 대응 가능
- 가족 단위로 맞춤 구성 가능: 어린이, 노약자, 반려동물 등 각자의 필요에 맞춘 생존 가방을 구성
- 단기 생존 보장: 최소 72시간(3일)에서 최대 1주일까지 자급자족할 수 있도록 준비

■ 생존 가방 배낭 선택 기준
- 30~50L 용량의 방수 배낭
- 내구성이 좋은 소재 사용 (군용, 등산용 등)
- 수납이 용이한 다중 포켓 구조

■ 생존 가방 필수품
장기 보존용 식품
- 에너지바
- 건빵
- 초콜릿
- 견과류

즉석 조리용 식품

- 통조림 (햄, 참치 등)
- 인스턴트 라면
- 즉석밥
- 동결건조 식품 (프리스트 드라이)

기본 음용수

- 생수 (500ml~1L 기준 3병 이상)

정수 도구

- 정수 필터 (라이프스트로우 등)
- 정수 정제제 (요오드, 염소 성분)

다목적 도구

- 멀티툴 (칼, 가위, 드라이버 포함)
- 손전등 + 예비 배터리
- 방수 성냥 또는 라이터
- 소형 야외용 삽
- 파라코드 (10m 이상)

의류

- 방수 재킷
- 방풍 점퍼
- 여벌 속옷과 양말 (2~3세트)

- 장갑
- 모자

보온장비

- 초경량 침낭
- 은박 보온 담요
- 우비 또는 판초 (비상 시 텐트 대용)

통신장비

- 휴대폰 보조 배터리
- 소형 태양광 충전기

신분/연락 수단

- 긴급 연락처 메모 (가족, 대피소, 구조기관)
- 신분증 사본 (주민등록증, 여권, 운전면허증 등)

경호/호신 용품

- 호루라기 (구조 요청용)
- 페퍼 스프레이
- 비상용 호신 도구

재정수단

- 현금 (소액권 중심)
- 신용카드 및 비상용 카드

주요문서
- 대피소 정보
- 지도
- 대피 동선 계획서
- <<재난 재해 전쟁 대비법>> 책

■ 생존 가방 구성 시 유의사항
- 너무 무겁지 않게 구성
    총 무게 자신의 체중의 10~15% 이내로 유지
    불필요한 물품 제거, 필수품 중심 구성
- 가족 구성원 맞춤형 준비
    어린이: 기저귀, 이유식, 응급약
    노약자: 복용 약품, 보조기구
    반려동물: 사료, 물그릇

- 정기적인 점검 및 갱신
  - 음식과 물의 유통기한 확인 (6개월~1년 주기)
  - 계절 변화에 따라 의류, 용품 교체
- 실전 대비 훈련
  - 실제로 가방을 메고 이동하며 훈련
  - 가방의 무게와 동선 체크

※ 요약
1. 생존 가방은 빠른 이동이 가능하도록 가볍고 실용적으로 구성한다.
2. 식량, 식수, 의류, 위생, 통신, 방어 도구 등 기본 생존 필수품을 포함한다.
3. 가족 구성원별로 필요한 물품을 맞춤형으로 준비한다.
4. 정기적으로 점검하고 필요한 물품을 교체한다.
5. 실제 재난 상황 훈련을 실시하여 실효성을 검증한다.

1-3. 응급처치 키트 및 의약품 준비

　　재난이나 전쟁, 사회적 혼란 시에는 병원과 약국 이용이 어려울 수 있다. 따라서 응급처치 키트와 기본적인 의약품을 사전에 준비하는 것은 생존을 위한 필수 조치이다. 특히 부상, 감염, 질병 예방을 위해 개인과 가족의 상황에 맞는 키트를 구성해야 한다. 응급처치 키트는 가볍고 이동이 편리한 소형 가방에 보관하고, 방수 기능이 있는 밀폐 용기를 사용하는 것이 좋다. 구성된 도구들의 사용법을 미리 숙지하고, 정기적으로 점검 및 보충하는 것이 필수적이다.

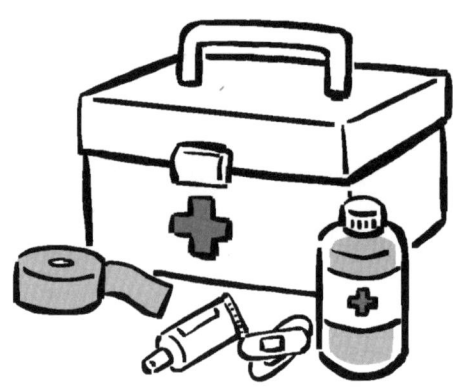

■ 응급처치 키트 상처 치료 용품
- 알코올 솜, 소독용 알코올, 과산화수소
- 베타딘(요오드 용액)
- 다양한 크기의 반창고, 멸균 거즈, 탄력 붕대
- 압박 지혈대
- 일회용 장갑, 핀셋, 가위, 전자 체온계

■ 필수 의약품 준비
- 진통제 및 해열제:
  아세트아미노펜(타이레놀) - 두통, 발열 완화
  이부프로펜(부루펜) - 염증 완화, 근육통, 발열조절
- 관련 약품:
  제산제 - 위산 과다, 속쓰림 방지
  지사제 - 설사 예방 및 치료
  변비약
- 알레르기 및 감기약
  항히스타민제 - 알레르기 반응 완화
  감기약 - 기침, 콧물, 발열 대비
  비염 스프레이 - 코막힘 완화

- 감염 예방 및 살균 약품
    - 항생제 연고 – 상처 감염 방지
    - 구강 소독제 – 입속 염증 예방
    - 항생제 알약 – 의사 처방 필요

■ 특정 상황 대비 의약품
- 만성 질환자용 약품
    - 고혈압 약
    - 당뇨병 약 (인슐린 포함)
    - 심장병 관련 약(아스피린 등)
    - 기관지 확장제 (천식, 호흡기 질환자용)
- 임산부 및 영유아용 약품
    - 유아용 해열제
    - 영양제 및 분유
    - 기저귀 및 소독 물티슈
- 정신 건강 관리용 약품
    - 항불안제 또는 신경안정제
    - 수면제 또는 멜라토닌 (긴급 상황에서 숙면 유지)
- 특수 해독제 및 예방약

활성탄(독소 흡수)

뱀 또는 곤충 독 해독제

■ 응급처치 키트 보관 및 관리
- 방수 가방에 보관
- 접근하기 쉬운 장소에 두기
- 6개월~1년에 한 번 유통기한 점검
- 가족 구성원 및 공동체와 사용법 공유 및 교육
- 집, 차량, 직장 등 각 공간에 비치

■ 응급 상황 대응법
- 상처 및 출혈

  소독약으로 감염 예방

  지혈대 및 붕대 적용

  이물질 제거 시 핀셋 사용
- 골절 및 삠

  탄력 붕대, 부목 등으로 부상 부위 고정

  냉찜질로 부기 완화

  부목이 없을 경우 신문지, 나무막대, 우산 등 활용

- 심장마비 또는 호흡곤란

    심폐소생술 (CPR) 실시

    기도가 막힌 경우 하임리히법 적용

    자동제세동기(AED) 사용 가능 시 활용

※ 요약
1. 응급처치 키트는 생존 가방과 함께 반드시 준비한다.
2. 기본적으로 상처 치료 용품, 상비약, 개인 맞춤 약품을 포함하여 구성한다.
3. 약품은 유통기한을 정기적으로 점검하고 교체한다.
4. 가족과 공동체가 키트 사용법을 알고 있도록 교육한다.
5. CPR, 하임리히법 등 기본 응급조치를 평소에 익혀둔다.

1-4. 비상 대비 경로 및 계획 세우기

재난이나 사회적 혼란이 발생했을 때 가장 중요한 것은 안전한 장소로 신속하게 이동하는 것이다. 그러나 많은 사람들은 사전 대비가 부족해 혼란 속에서 제대로 대처하지 못한다. 평소에 비상 대비 경로를 설정하고 구체적인 계획을 세워두는 것은 생존 확률을 크게 높이는 핵심 전략이다.

■ 비상 대비 경로가 필요한 이유
- 혼란 속에서도 침착하게 대피 가능
- 최단 거리로 안전한 장소로 이동 가능
- 교통 마비 및 위험 지역을 회피할 수 있음
- 가족 및 팀원과 신속하게 재회 가능
- 대피소, 의료 시설, 물 공급지 등을 사전 확보 가능

■ 비상 대비 경로 계획의 기본 원칙
1. 대피할 수 있는 장소를 사전에 정한다.
2. 최소 3가지 이상의 대체 경로를 마련한다.
3. 실제로 이동하며 경로를 테스트한다.
4. 가족 및 팀원과 공유하여 모두가 숙지하도록 한다.
5. 상황 변화에 유동적으로 대처할 수 있도록 계획한다.

■ 안전한 대피 장소 선정
- 1차 대피소 (5~10분 이내)

    집 안의 안전 공간(테이블 아래, 내진 설계 구역 등)

    가까운 공원, 운동장 등 개방된 장소
- 2차 대피소 (도보 30분~1시간 이내)

    관공서(구청, 경찰서, 소방서)

　　　　큰 학교 강당 또는 체육관

　　　　대형 쇼핑몰 또는 대피 허가 건물

- 3차 대피소 (장기 체류 가능)

　　　　국가 지정 대피소 (지도 확보 필수)

　　　　신뢰할 수 있는 친척 또는 지인의 집

　　　　자급자족이 가능한 캠핑장 등

■ **비상 대비 경로 설계 방법**

1. 대피소 및 이동 경로 사전 확인
   - 지자체와 소방서 자료를 참고하여 거주지 인근 대피소 위치 확인
   - 지도상 최단 거리와 대체 경로 사전 점검
   - 차량 경로와 도보 경로 두가지 모두 확보
2. 교통 수단별 대응 계획 수립
   - 차량 이용 시: 주요 도로 및 우회 도로 파악, 주차 가능 위치 확인
   - 대중교통 이용 시: 인근 지하철역, 버스 정류장 파악
   - 도보 이동 시: 차량이 적고 안전한 골목길 이용, 고지대 도로 우선 확보

3. 위험 지역 회피 전략
      - 붕괴 위험이 있는 노후 건축물 주변 피하기
      - 하천, 산사태 위험 지역 등 지형적 위험 요소 파악
      - 교통 체증이 예상되는 구간은 사전 우회 계획 설정
   4. 재난 유형별 대피 전략 구분
      - 지진 발생 시: 개방된 공간으로 신속히 이동, 고층 건물 주변 피하기
      - 홍수 발생 시: 고지대 이동, 침수 예상 도로 우회
      - 전쟁 또는 사회 혼란 발생 시: 대규모 인파와 밀집 지역 피하기, 외곽 도로 활용

■ 가족 및 팀원과 비상 계획 공유하기
   1. 비상 연락처 리스트 작성
      - 가족 및 친척의 전화번호
      - 가까운 병원, 경찰서, 소방서 번호
      - 국가 재난 대응 기관 연락처
   2. 비상 연락 방법 설정
      - 통신 두절 대비 무전기 또는 위성 전화 준비
      - 가족간 상황별 비상 문자 코드 설정

예) '안전', '위험', '대피 중' 등

3. 가족 합류 계획 수립
- 가족이 흩어져 있을 경우 합류 지점 설정
- 상황에 따라 1차(근처), 2차(도보 이동 가능), 3차(멀리 떨어진 안전 지역) 합류 지점 설정
- 어린이, 노약자 보호 및 인솔 방안 마련

■ 비상 대비 훈련 및 테스트

- 실제 이동 경로 테스트

    가족과 함께 대피 훈련 진행

    도보 이동 소요 시간 확인

    도로 상황 점검

- 상황별 시나리오 훈련

    지진, 홍수, 야간 상황 등 가상 훈련 실시

    손전등, 무전기 등 장비 실전 테스트 포함

- 정기 점검 및 업데이트

    6개월~1년마다 경로 및 대피소 정보 업데이트

    가족 구성원, 주거지 변경 시 계획 재점검

※ 요약

1. 1차~3차 대피소를 단계별로 설정한다.
2. 다양한 이동 수단 대비 경로를 확보한다.
3. 위험 지역은 피하고, 최단 안전 경로를 미리 익힌다.
4. 가족 및 팀원과 연락 체계를 구성하고 위치를 공유한다.
5. 실제 훈련을 통해 경로와 계획을 점검·보완한다.

1-5. 재난 대비 필수 장비

재난이 발생하면 생존을 위해 필수적인 장비를 갖추는 것이 중요하다. 전기, 수도, 통신망이 끊길 수 있으며, 구조대의 도착이 늦어질 수 있기 때문에, 개인과 가족이 자급자족할 수 있도록 필수 장비를 준비하는 것이 필요하다. 이 글에서는 재난 대비 필수 장비를 상세히 정리하여 소개한다.

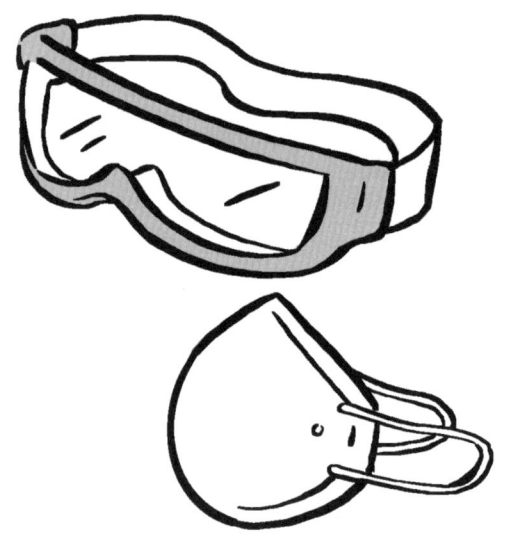

■ 재난 대비 필수 장비의 중요성

- 전력과 통신 두절 상황에서도 생존 가능
- 식량과 물을 안전하게 보관하고 조리 가능
- 어두운 곳에서도 시야 확보 및 구조 요청 가능
- 부상 발생 시 응급처치 가능
- 추위와 더위 등 극한 환경에서도 생존 가능

■ 재난 대비 필수 장비 목록

생존에 필요한 장비

- 라이터 & 방수 성냥

  방풍 라이터(강한 바람에도 불이 꺼지지 않음)

  방수 성냥(비가 와도 사용할 수 있도록 방수 처리)

- 열 차단 & 보온 장비

  은박(알루미늄 호일)

  보온 담요(추위에서 체온 유지)

  초경량 침낭(거위나 오리털 제품)

  방한 장갑 및 방풍 재킷

- 응급 처치 키트

  소독약, 거즈, 붕대, 항생제 연고

  진통제, 소화제, 지사제, 알레르기약

조리에 필요한 장비

- 이동식 가스 버너&연료
    - 휴대용 가스버너(전기 없이 음식 조리)
    - 부탄가스 예비 연료(최소 3개 이상 보관)
- 내구성 강한 식기 세트
    - 스테인리스 컵, 접시, 포크, 나이프, 숟가락
    - 휴대용 접이식 컵
- 비상용 소형 냄비 및 후라이팬
    - 작은 크기의 경량 조리 기구(캠핑용 추천)
- 휴대용 식수 정화병
    - 물을 정수하여 안전하게 마실 수 있는 병

통신 및 구조 요청 장비

- 휴대용 무전기
    - 휴대폰 신호가 끊겼을 때 사용 가능
    - 가족 및 팀원 간 신속한 연락 가능
- 휴대용 태양광 충전기
    - 전기 없이 스마트폰, 무전기 충전 가능

- 다중 USB 포트 지원
- 비상용 라디오(AM/FM/단파 수신기)
    - 정부의 재난 방송 수신 가능
    - 태양광 충전 가능
- 호루라기&구조 신호 장비
    - 소형 호루라기(매우 먼 거리 전달 됨)
    - 반사판&구조 신호 거울
- 야광 스틱 (캐미컬 라이트)
    - 전기 없이 12시간 이상 빛을 낼 수 있는 막대기

방어 및 안전 장비

- 개인 방어 도구
    - 페퍼 스프레이(위협적인 상황에서 자신을 보호)
    - 야구 방망이 또는 호신용 몽둥이
- 방진 마스크 및 보호 안경
    - 화재, 먼지, 유독가스 유입 차단
    - N94 마스크 또는 방독면 추천
- 안전화 & 보호 장갑
    - 무너진 건물이나 유리 파편 등으로부터 발을 보호
    - 고무 코팅된 장갑(물건 운반 및 보호용)

- 로프 & 고리 장비
    - 10m 이상의 파라코드 로프(등반 및 구조 시 사용)
    - 고리형 카라비너(다용도로 활용 가능)
- 소화기
    - 소소한 화재 발생 시 신속하게 진압 가능

위생 및 생활 필수 장비
- 비상용 위생 키트
    - 물티슈, 손 세정제, 세면도구
    - 소형 수건, 속옷 및 여분의 의류
- 간이 화장실 키트
    - 응급용 간이 화장실(흡수제 포함)
    - 휴대용 변기 봉투
- 해충 및 방역 장비
    - 벌레 기피제
    - 모기장 및 방충망
- 배낭 및 운반 도구
    - 방수 기능이 있는 튼튼한 배낭
    - 카트형 가방(무거운 물품을 쉽게 이동할 수 있음)

■ 필수 장비 점검 및 유지 보수

- 장비 점검 주기

    6개월~1년마다 장비 상태 확인

    정수 필터 및 응급처치 키트 보충

- 계절별 장비 조정

    겨울: 방한 장비 추가

    여름: 냉각 타월 및 추가 식수 준비

- 가족 및 팀원과 공유

    가족 구성원 및 공동체 내에서 역할 분담

- 실전 테스트 진행

    실제 재난 대비 훈련을 진행하여 장비 사용법 숙달

※ 요약

1. 생존 필수 도구 확보 - 정소기 필터, 식량 용기, 손전등
2. 조리 장비 준비 - 휴대용 버너, 식기, 냄비 등
3. 통신 및 구조 장비 준비 - 무전기, 구조 신호 장비 등
4. 방어 및 안전 장비 준비 - 방진 마스크, 보호 장갑, 등
5. 위생 및 생활 필수 장비 준비 - 응급 화장실 키트, 등

1-6. 위급 상황에서의 통신 방법

재난, 전쟁, 사회적 혼란이 발생하면 통신망이 마비될 가능성이 높다. 전기 공급 중단, 인터넷 및 휴대폰 네트워크의 두절은 구조 요청이나 가족 간 연락을 어렵게 만든다. 따라서 다양한 통신 수단을 사전에 준비하고, 상황에 맞는 대체 통신 방법을 활용하는 것이 필수적이다.

■ 위급 상황에서 통신이 중요한 이유
- 가족 및 팀원과 연락 유지로 생존 가능성 향상
- 구조 요청이 가능해 신속한 지원 확보
- 재난 상황에서 정확한 정보 수집 가능
- 사회 혼란 속 조직적 대응 가능

■ 위급 상황시 사용 가능한 통신 수단 종류

일반적인 통신 수단 정상 작동 시
- 휴대폰 문자, 전화, 영상 통화
- 데이터 네트워크를 이용한 메신저, 이메일
- GPS 위치 공유 기능 활용
- 라디오 방송으로 실시간 재난 정보 수신

통신망 마비 시
- 무전기(워크토키, 아마추어 라디오, CB 라디오)
  - 단거리(1~5km) 내에서 신속한 음성 통신 가능
  - 전력 공급이 필요 없거나 배터리 사용 가능
  - 팀원 및 가족 간 직접적인 통신 가능
- 위성 전화 (Satellite Phone)
  - 기지국 없이도 위성을 이용하여 통신 가능

원거리에서도 연락할 수 있지만, 비용 문제가 있음
- 메시지 송신기 (Garmin InReach 등)
    위성을 이용해 문자 메시지를 보낼 수 있음
    GPS 기능을 이용한 위치 공유 가능
- SOS 구조 신호 장비 (PLB, EPIRB)
    개인 구조 신호기(PLB): 위성 신호로 구조 요청
    해상 구조용 비상 신호기(EPIRB): 조난 시 호출
- 야외 구조 신호 활용
    반사 거울/ 플래시를 사용해 구조 요청 신호 전송
    연기 신호 또는 불빛 신호를 통해 위치 알림
    야광 스틱(케미컬 라이트) 활용

■ 상황별 통신 요령

도보 이동 중

- 일정 거리 유지하며 무전기 사용
- 사전 코드 활용 (예: "A-1" = 안전)
- 야간에는 반사 테이프, 야광 스틱 사용

차량 이동 중

- 라디오로 정보 확인

- CB 라디오 / 긴급 주파수 활용
- 도로 마비 시 지도 + 나침반 활용

산악 지역 이동 시
- 위성전화, 메시지 송신기 (Garmin InReach) 사용
- 호루라기 3회 이상, 불빛 신호로 조난 알림

■ **가족 및 팀원과의 연락 유지**
- 비상 연락망 구축: 연락처를 종이에 기록, 방수 보관
- 사전 코드 설정: 호루라기/손전등 신호, 단어 코드
  예) "A-1" = 안전, "B-2" = 위험
- 합류 지점 설정: 1차, 2차, 3차 지점 미리 계획

■ 구조 요청 방법

　휴대폰 사용 가능 시

- 긴급번호: 119(소방), 112(경찰), 1339(질병)
- 문자로 요청 시 네트워크 부하 감소

　통신망 두절 시:

- 무전기(144MHz/430MHz) 사용
- 위성전화 / PLB로 구조 요청
- 연기, 야광봉으로 신호 발신

■ 장비 점검 및 훈련

- 배터리 준비: 20,000mAh 이상 보조배터리, 태양광 충전기, 크랭크 발전기
- 무전기/라디오 테스트: 주파수 설정, 사용법 숙지
- 비상 연락처 정리: 방수 메모지에 필기
- 야간 및 단절 상황 대비 훈련 진행
- 실제 상황 가정, 가족·팀원과 통신 훈련

※ 요약

1. 휴대폰·인터넷 기반 통신 우선 확인
2. 통신 마비 시 무전기, 위성 전화, 구조 장비 사용
3. 사전 약속된 코드, 합류 지점, 통신 방식 협의
4. 배터리 및 충전 장치 확보
5. 통신 훈련은 정기적이고 실전처럼 준비

1-7. 재난 대비 자기방어 및 안전 확보

재난 상황에서는 생존 물품 준비만으로는 충분하지 않다. 도난, 약탈, 폭력 등의 위협으로부터 자신과 가족을 보호하기 위해 자기방어 전략과 안전 확보 계획이 반드시 필요하다.

■ 왜 자기방어가 중요한가?
- 사회 혼란 시 범죄·약탈 증가
- 구조대 도착 전까지 스스로 안전 확보
- 가족·팀원을 지키는 능력 필요
- 안전한 장소로의 이동 전략 필수

■ 자기방어 전략과 도구

기본 원칙
- 위험은 미리 감지하고 피하기가 최선
- 조용히, 그룹으로 행동, 야간 이동은 피함
- 불필요한 노출 금지: 물품·위치·신분 정보 숨기기
- 대피 경로를 사전에 확보

자기방어 도구
- 호신용 도구: 페퍼 스프레이, 호루라기, 야구방망이
- 비살상 방어: 전기충격기, 방탄조끼, 가죽 장갑
- 비상 탈출용: 멀티툴, 차량 탈출용 해머
- 도구는 반드시 사전 훈련을 통해 익숙하게 사용할 것!

■ 재난 발생 직후의 행동 요령

주변 상황 파악
- 무너질 위험, 전선, 가스 누출 등 위험요소 확인
- 즉시 안전한 장소로 이동

그룹 행동
- 가족·이웃과 함께 대피
- 공동체를 이뤄 서로를 보호하며 대피

생존물품 보호

- 생존 물자 은닉
- 불필요한 교환이나 공유를 피함

어두운 곳 피하기

- 밤엔 이동 자제
- 불빛과 소음은 최소화

안전한 장소 확보법

집에서

- 문·창문 강화
- 가구 등을 이용하여 바리케이드 설치
- 지하실, 욕실 등 창문 없는 안전지대 확보

야외에서

- 높은 곳·개방 공간 피하기, 벽이 있는 곳 은신
- 위험시 즉시 엄폐 가능한 위치 확보

대피소에서

- 출입구 근처에 머물지 않기
- 신뢰할 수 있는 사람들과 팀 구성

장기적인 안전 확보 전략

사회 혼란 장기화 시
- 생존물자 확보, 외부 접촉 최소화
- 방어 가능한 장소 + 공동체 생활

약탈/불법활동 대비
- 사람이 많은 곳 피하기
- 경보장치(깡통, 유리병) 설치

커뮤니티 조직
- 역할 분담: 방어, 식량 관리, 의약품 담당 등
- 모의 훈련: 호신술, 응급처치, 탈출 연습

※ 요약

1. 위험을 피하고 침착하게 행동하는 것이 최우선
2. 자기방어 도구를 준비하고, 사용법을 반드시 훈련
3. 신속한 이동과 은신 전략 마련
4. 식량과 물은 철저히 보호, 공동체 내 신뢰 기반 협력
5. 사회 혼란 장기화에 대비한 공동체 중심 생존 전략 수립

1-8. 재난 상황별 행동 요령

재난은 예고 없이 발생하며, 상황에 따라 신속하고 적절한 대응이 필요하다. 재난의 종류에 따라 행동 요령을 미리 숙지하고 대비하면 생존 확률을 크게 높일 수 있다.

■ 공통 행동 원칙

- 당황하지 않고 침착하게 행동하기
- 가족 및 팀원과 사전 합의된 계획 따르기
- 비상 대피소 및 경로 미리 확인해두기
- 생존 키트와 장비 준비, 사용법 숙지
- 구조 요청 가능한 통신 수단 확보

■ 재난 유형별 행동 요령

지진

실내에서 행동 요령
- 튼튼한 가구 아래 몸을 숙이고 머리 보호
- 유리창, 무거운 가구에서 떨어지기
- 진동이 멈춘 후 탈출

실외에서 행동 요령
- 건물, 전신주 등에서 멀리 떨어지기
- 운전 중일 땐 정차 후 차량 안에서 대기
- 바닷가 근처면 고지대로 즉시 대피

이후 행동 요령
- 여진 대비, 실내 재진입 자제
- 가스/전기 차단, 화재 여부 확인
- 가족·이웃 상태 확인 및 구조 요청

화재

실내 화재 발생 시 행동 요령
- 119 신고 후 빠르게 대피
- 젖은 천으로 입·코 막기, 낮은 자세로 이동
- 손잡이가 뜨거운 문은 피하기

- 엘리베이터 사용 금지

실외 화재 발생 시 행동 요령

- 바람을 등지고 불길 반대 방향으로 대피
- 연기 적은 지역 선택
- 물 적신 옷, 젖은 천으로 호흡기 보호

홍수와 폭우

사전 대비 요령

- 대피 계획 세우기, 저지대 피하기
- 배수구 청소, 방수막 설치

발생 시 행동 요령

- 고지대로 이동, 강·하천 근처 피하기
- 침수 도로, 차량 운행 중단

이후 행동 요령

- 전기 차단 후 배수 작업
- 오염된 물 마시지 않기 (생수, 정수 필터 활용)

태풍과 강풍

태풍 도착 전

- 날씨 예보 주시
- 창문 고정, 위험 물건 실내로 이동

태풍 접근 중
- 외출 금지, 고층 유리창 근처 피하기
- 정전 대비 랜턴 준비

이후 행동 요령
- 구조물 파손 확인 후 외출
- 끊어진 전기선 근처 접근 금지

전쟁과 사회적 혼란

전 상황 대비
- 대피소, 대피 경로 확인
- 비상 식량·의약품 준비
- 대피 계획 가족과 공유

폭격 시
- 지하 대피소로 신속 이동
- 튼튼한 구조물 뒤로 숨기
- 공습경보 시 엎드려 머리 보호

사회 혼란 시
- 외출 자제, 바리케이드 설치
- 무전기 및 통신 장비 확보
- 신분증과 현금, 이동가방 준비

전염병

　예방
- 손 씻기, 마스크 착용
- 다중 이용 시설 출입 자제
- 거리두기 유지

　감염 발생 시
- 증상 시 즉시 격리 및 치료
- 병원 및 의료 지원 정보 확인
- 식수 및 환경 위생 철저히 관리

■ 재난 대비 훈련 및 체크리스트

　훈련
- 정기적으로 가족과 모의 훈련
- 재난 유형별 대응법 연습
- 침착하게 대처하는 연습 포함

　점검
- 생존 가방, 응급 키트 수시 보충
- 대피소 위치와 이동 경로 확인
- 비상 연락망을 정기적으로 업데이트하고 가족과 공유

행동원칙
- 위험 감지 즉시 대피
- 침착하게 판단하고 대체 경로 확보
- 연락 유지 및 구조 요청

※ 요약
1. 지진 - 안전한 장소에서 머리 보호, 여진 대비
2. 화재 - 연기 피하고 낮은 자세로 신속 대피
3. 홍수 - 고지대로 대피, 감전 주의
4. 태풍 - 실내 대기, 날아갈 물건 사전 정리
5. 전쟁/사회혼란 - 은신처 확보, 외출 삼가
6. 감염병 - 위생 철저, 증상 시 격리 조치

▶ 2장 에서 추가로 상세하게 기술함

1-9. 가족 및 이웃과의 협력 방법

재난 상황에서는 개인의 준비뿐 아니라 가족과 이웃 간의 협력이 생존 확률을 결정짓는 핵심이다. 공동체 단위의 대응은 자원 관리, 방어, 심리적 안정까지 모두에 도움이 된다.

■ 왜 협력이 중요한가?

- 생존 확률 상승
- 원 공유와 역할 분담을 통해 효율적인 대응 가능
- 범죄, 약탈, 혼란 속 공동 방어로 위험 감소
- 공동 자원 확보
- 심리적 안정감: 고립 방지, 불안감 완화

■ 가족과 협력하는 방법

가족 비상계획 수립

- 구성원별 역할 분담

    예) 부모-물품, 자녀-경로 확인 등

- 비상 연락망 구축 (무전기, 메모지, 약속된 신호 활용)
- 단계별 대피소 지정

    1차 대피소: 집에서 가까운 안전한 공원, 운동장 등

    2차 대피소: 30~60분 내 이동 가능한 친척집 등

    3차 대피소: 장기 거주 가능한 외곽 지역, 야영장 등

- 정기적인 재난 훈련 진행
- 응급처치 방법 숙지

생존 물품 및 자원 관리

- 생존 키트 3일~2주분 준비
- 건조 식품, 통조림, 정수 필터 등 유통기한 수시 점검
- 물은 1인당 하루 최소 2리터 기준 준비
- 식량·물 분배 계획 수립
- 태양광 충전기, 손전력 발전기 등 대체 전력원 준비
- 가족별 맞춤 의약품과 위생용품 확보
- 감염병 대비 물품 확보: 마스크, 소독제, 장갑 등

■ 이웃과 협력하는 방법

신뢰 기반 공동체 형성
- 평소 이웃과 연락처 교환 및 정보 공유
- 역할 분담: 구조/의료/기술 등 전문성에 따라 지정
- 비상 모임 장소 설정 및 정기적 안부 확인 체계 마련
- 공동 창고 운영 및 배급 시스템 도입

공동 방어와 안전 확보
- 야간 감시조 운영, 순찰 및 약탈 대비
- 어린이, 노약자, 장애인 보호 체계 구축
- 이웃과 함께하는 재난 대비 훈련 정례화

■ 협력 시 주의할 점
- 공정한 자원 분배를 통해 분쟁 예방
- 갈등 발생 시 대화 우선 원칙 적용
- 외부인 통제 및 보안 유지: 신뢰 여부 기준 마련
- 정기적인 상황 점검 및 정보 공유
- 장기 생존을 위한 자급자족 체계 고려 (공동 농사, 대체 연료 등)

※ 요약

가족 협력

1. 비상 연락망과 대피소를 미리 정하고 훈련 실시
2. 식량, 물, 의약품 등 비상 물자를 분배하여 관리
3. 각자의 역할을 나누어 효율적으로 대응

이웃 협력

1. 평소 신뢰할 수 있는 이웃과 협력 체계 구축
2. 공동 물자 관리 및 재난 대비 훈련 정기적으로 실시
3. 야간 감시조 운영 및 공동 방어 시스템 마련

협력 시 유의사항

1. 물자 배분의 공정성 유지
2. 외부인 개입 최소화 및 보안 강화
3. 정기적 정보 공유와 공동체 내부 점검 필수

1-10. 심리적 대비 및 멘탈 관리

재난 상황에서 생존에 영향을 미치는 것은 신체 능력뿐만 아니라 '멘탈'이다. 공포, 패닉, 무기력은 판단을 흐리고 생존 의지를 약화시킨다. 침착함을 유지하고 심리적 회복력을 기르는 것이야말로 진짜 생존 기술이다.

■ 재난 상황에서의 심리적 반응
- 공포와 불안: 미래에 대한 두려움 증가
- 스트레스와 긴장: 생존 압박으로 피로 누적
- 공황 반응: 사고 정지, 비합리적 행동 발생
- 우울감과 무기력: 생존 의지 약화시키는 위험 요소
- 집단 심리: 생존 경쟁 심화, 폭력 가능성 증가

■ 재난 전 심리적 대비 방법

심리적 회복력(Resilience) 강화
- 위기 상황에 대한 심리적 훈련 정기적으로 진행
- 마음가짐을 긍정적으로 유지
- 미리 대비하여 불안감 최소화
- 자기 통제력 향상 연습
- '위험 감지 → 판단 → 대응' 패턴 연습/ 침착함 유지

가족 및 공동체 내 심리적 유대감 형성
- 가족 및 팀원 간 신뢰 구축
- 비상 연락 체계 및 지원 네트워크 구축
- 심리적 고립을 방지하기 위한 정기적 연락 계획 수립
- 긍정적인 분위기 조성

- 부정적인 정보 노출 제한

■ 재난 직후 심리 관리법

위기 발생 직후 심리적 대응

- 깊고 느린 호흡을 통해 과도한 긴장 완화
- 감정을 조절하고 논리적으로 행동할 수 있도록 '멈추고 생각하기' 연습
- 너무 먼 미래를 걱정하지 말고 '당장 할 일'에 집중
- 자기암시로 공포와 패닉 방지
- 공황 상태에 빠지는 사람들로부터 거리 유지

장기적인 심리적 회복 방법

- 기본적인 생활 패턴(식사, 수면, 활동 등) 최대한 유지
- 단기 목표 설정("오늘 해야 할 일", "내일 준비할 것")을 통해 정신적 안정 확보
- 운동: 간단한 스트레칭, 걷기 등을 통해 긴장 해소
- 4-4-6 심호흡 훈련: 4초 들이마시고, 4초 멈춘 후, 6초 내쉬는 호흡법 반복
- 감정을 억누르지 말고 신뢰할 수 있는 사람과 속 이야기 터놓고 이야기하며 감정을 표현

- 가족 및 공동체와 교류 유지

■ 어린이, 노약자, 취약자의 멘탈 보호
어린이의 심리적 충격 완화 방법
- 아이의 눈높이에 맞춰 상황을 설명하고 불안을 해소
- 무서운 장면이나 공포심을 유발하는 대화를 피함
- 놀이·그림·이야기 등을 활용한 스트레스 해소법 사용

노약자 및 장애인의 심리적 안정 유지
- 불필요한 자극을 줄이고, 편안한 환경을 조성
- 익숙한 루틴을 유지하여 불안감 최소화
- 건강 상태를 수시로 확인

■ PTSD(외상 후 스트레스 장애) 예방
PTSD 발생 가능성 높은 상황
- 생명을 위협받는 극한 상황 경험
- 사랑하는 사람을 잃거나, 폭력·공포를 경험한 경우
- 재난 후 지속적인 불안과 스트레스가 유지되는 경우

PTSD 예방 및 극복 방법
- 감정을 터놓고 이야기하는 시간을 가지기

- 규칙적인 생활 패턴 유지(수면, 운동, 식사)
- 미디어 노출 줄이기(재난 뉴스, 충격적인 영상 등)
- 필요 시 전문가의 상담 및 지원 요청

■ 비상시 몸과 마음의 대비법
- 몸 대비: 하루 30분 걷기 → 면역력·회복력 향상
- 마음 대비: 매일 5분 명상 → 감정 정리, 자기점검

※ 요약
1. 위기 상황에서도 침착함을 유지하는 훈련이 중요
2. 감정 조절·호흡법 등을 통해 공황 반응을 방지
3. 가족·공동체와의 관계를 기반으로 심리적 안정 확보
4. 생존 루틴과 긍정적 사고로 회복력 유지
5. PTSD 예방을 위해 감정 공유와 정기적인 관리 필요.

2장
자연재해별 대응법

2-1. 지진 발생 시 행동 요령

지진은 예측이 어렵기 때문에 사전 준비가 필수적이다. 다음과 같은 사항을 준비해두면 피해를 최소화할 수 있다.

■ **지진 발생 전 준비**

- 비상용품 준비: 생수, 비상식량, 손전등, 배터리, 응급약품, 휘발유 등의 필수품을 배낭에 넣어두고 쉽게 접근할 수 있는 곳에 보관한다.

- 가구 및 전자기기 고정: 선반이나 무거운 가구는 고정하고, 낙하할 위험이 있는 물건은 단단히 고정한다.
- 대피 경로 확인: 가정, 학교, 직장에서 가장 안전한 대피 경로를 확인하고 가족과 미리 공유한다.
- 긴급 연락망 구축: 가족, 친구, 지역 재난 대책 기관과의 비상 연락망을 구축해 두고, 지진 발생 시 연락할 방법을 정한다.
- 지진 대비 훈련 실시: 학교 및 직장에서 지진 대피 훈련을 정기적으로 실시하여 익숙해지도록 한다.

■ 지진 발생 시 행동 요령

지진이 발생하면 순간적인 대처가 중요하다. 다음은 지진이 발생했을 때의 행동 요령이다.

실내에 있을 경우
- 탁자 아래로 들어가 몸 보호: 지진 발생 시 책상이나 테이블 밑으로 들어가 손으로 머리를 보호한다.
- 진동이 멈출 때까지 기다리기: 갑작스럽게 움직이면 부상의 위험이 크므로 진동이 멈출 때까지 기다린다.
- 문 근처에서 대기하지 않기: 문틀 근처는 안전하다는

잘못된 인식이 있으나, 문이 갑자기 닫히거나 떨어질 위험이 있다.
- 창문이나 유리 근처에서 멀리 떨어지기: 유리창은 쉽게 깨질 수 있어 큰 부상의 위험이 있다.
- 가스 및 전기 차단: 가능하다면 가스를 잠그고 전기를 차단하여 2차 화재를 예방한다.

건물 밖에 있을 경우
- 낙하물 주의: 건물 외벽, 간판, 유리창이 떨어질 가능성이 크므로 건물에서 최대한 멀리 떨어진다.
- 공원이나 넓은 공터로 이동: 개방된 공간이 상대적으로 안전하며, 붕괴 위험이 있는 구조물 근처는 피한다.
- 전신주 및 전선 피하기: 전선이 끊어질 위험이 있으므로, 감전 사고를 방지하기 위해 전신주나 고압선 근처는 피한다.

차량 안에 있을 경우
- 도로 한쪽에 정차: 지진이 발생하면 당황하지 말고 천천히 차량을 도로 한쪽으로 이동시켜 정차한다.
- 터널 및 다리 아래 피하기: 지진으로 인해 붕괴될 위험이 있는 터널이나 교량 아래는 피해야 한다.

- 라디오를 통해 정보 수집: 차량 내 라디오를 통해 재난 방송을 청취하고, 안전한 경로를 확인한다.

대중교통을 이용 중일 경우
- 손잡이나 기둥을 잡고 중심 유지: 급정거로 인해 넘어질 위험이 있으므로 단단히 잡는다.
- 승무원의 안내에 따르기: 승무원의 안내에 따라 행동하며, 혼자 마음대로 행동하지 않는다.
- 출구로 무리하게 향하지 않기: 갑작스러운 이동은 혼란을 초래할 수 있으며, 더 큰 위험을 가져올 수 있다.

■ 지진 발생 후 대처 방법

지진이 멈춘 후에도 여진이 발생할 가능성이 높으며, 이로 인해 2차 피해가 발생할 수 있다. 지진이 멈춘 후에는 다음과 같은 조치를 취한다.
- 안전한 장소로 대피: 건물이 붕괴될 위험이 있으므로, 실내에 있다면 신속하게 밖으로 나가 넓은 공간으로 이동한다.
- 여진에 대비: 여진은 본진 후 수시간에서 수일 동안 지속될 수 있으므로 경계를 늦추지 않는다.

- 부상자 확인 및 응급조치: 주변 사람들의 부상 여부를 확인하고, 응급처치를 시행한 후 필요 하면 구조를 요청한다.
- 라디오 및 공공기관 정보 확인: 공적인 정보를 통해 대피소 위치, 교통 상황, 추가 지진 예보 등을 확인한다.
- 손전등 사용 및 화재 예방: 어두운 곳에서는 촛불 대신 손전등을 사용하며, 가스 누출 여부를 점검하여 화재 예방에 유의한다.
- 안전한 장소로 이동: 지진으로 피해가 심각한 지역이라면 정부의 안내에 따라 안전한 곳으로 이동한다.

■ 지진 대비 교육 및 훈련의 중요성

지진은 예고 없이 발생하기 때문에 대비 교육과 훈련이 필수적이다. 지진은 몇 초 만에 일상의 질서를 무너뜨릴 수 있으며, 경고 시간 없이 발생하는 경우가 대부분이기 때문에 평소 대피 요령과 안전 수칙을 몸에 익히는 것이 생명을 지키는 데 직결된다. 특히 가족 단위, 학교, 직장 등 공동체별로 대피 경로와 행동 요령을 미리 숙지하고 반복적으로 훈련함으로써 실제 상황에서의 혼란을 최소화할 수 있다.

- 정기적인 대피 훈련 실시: 가정, 학교, 직장에서 지진 대피 훈련을 정기적으로 진행하여 실제 상황에서 당황하지 않도록 한다.
- 비상 대피 장소 확인: 지역 사회에서 지정된 대피소 위치를 확인하고, 대피로를 사전에 점검한다.
- 응급처치 및 구조 방법 익히기: 응급처치 교육을 받아 심폐소생술(CPR) 및 기본적인 응급처치법을 익혀 두는 것이 중요하다.
- 재난 대비 물품 관리: 주기적으로 비상 물품을 점검하고, 유효기간이 지난 식량 및 약품을 교체한다.

※ 요약

지진은 예측이 어렵지만, 철저한 대비와 신속한 대응을 통해 피해를 줄일 수 있다. 평소에 지진 발생 시 행동 요령을 숙지하고, 대비 훈련을 시행하는 것이 무엇보다 중요한다. 가족 및 지역 사회와 협력하여 안전한 대피 방법을 익히고, 긴급 상황에서도 침착하게 행동할 수 있도록 준비해야 한다.

2-2. 태풍과 강풍 대비책

태풍은 열대성 저기압으로서 강한 바람과 집중호우를 동반하며, 해안 지역뿐만 아니라 내륙에서도 큰 피해를 일으킬 수 있다. 강풍은 태풍뿐만 아니라 저기압, 계절풍, 돌풍 등의 원인으로 발생할 수 있으며, 구조물 붕괴, 나무 쓰러짐, 정전 등의 피해를 가져온다.

■ 태풍과 강풍의 주요 위험 요소
- 강한 바람: 건물, 간판, 전신주, 가로수 등이 쓰러질 위험이 있음.
- 폭우와 홍수: 하천 범람, 침수 피해, 산사태 등의 위험이 커짐.
- 해일과 폭풍 해일: 해안 지역에서 심각한 피해를 유발.
- 정전과 통신 두절: 강풍으로 인해 전선이 끊어지거나, 통신 기기가 망가질 수 있음.

■ 태풍과 강풍 사전 대비 방법

기상 정보 확인
- 기상청, 재난 문자, 뉴스 등을 통해 태풍 예상 경로 및 강풍 주의보를 수시로 확인.
- 태풍이 북상할 경우 이동 속도 및 예상 강도를 고려하여 미리 대비.

주변 환경 점검 및 정리
- 창문과 출입문을 단단히 고정하고, 창틀이 약한 경우 창문에 테이프('X'자로 붙이기)를 붙여 파손 시 유리 파편이 튀지 않도록 함.

- 집 주변과 옥상의 물건(화분, 빨래 건조대, 간판 등)을 실내로 옮기거나 단단히 고정.
- 배수구/하수구를 점검하여 빗물이 잘 빠지도록 정리.
- 바람에 쉽게 날아갈 수 있는 간판, 현수막, 공사장 장비 등을 철저히 고정.

비상 물품 준비
- 정전 대비 손전등, 휴대용 라디오, 보조 배터리, 성냥·양초 등을 준비.
- 생수, 비상식량(통조림, 건빵, 즉석식 등), 구급약품(소독약, 붕대, 감기약 등) 확보.
- 중요한 서류(보험증서, 신분증 등) 방수 비닐에 보관.

자동차 및 가전제품 보호
- 자동차는 지하 주차장이 아닌 고지대로 이동.
- 강풍이 심할 경우, 전자제품의 전원을 차단하고 플러그를 뽑아 전기 사고 방지.

대피소 위치 확인
- 지역 내 대피소(학교, 공공시설 등)의 위치를 미리 확인하고 가족과 공유.
- 대피가 필요한 경우를 대비해 최소한의 짐을 준비.

■ 태풍과 강풍이 접근할 때

실내 안전 확보
- 외출을 자제하고 창문과 문을 단단히 잠금.
- 유리창 근처에 있지 말고, 커튼을 쳐서 파편 방지.
- 정전 예상시 미리 스마트폰을 충전하고 비상등 준비.

야외 활동 금지
- 가급적 외출을 삼가고, 특히 해안가·강변·저지대 등 위험 지역 접근 금지.
- 강풍으로 인해 낙하물이나 간판이 날아올 수 있으므로 건물 가까이서도 이동 주의.

운전 시 주의사항
- 불가피하게 운전해야 할 경우 저속으로 주행하고, 지하차도나 다리 아래 통행을 피함.
- 차량이 바람에 흔들릴 수 있으므로 큰 나무나 전신주 근처에 주차하지 말 것.

홍수 및 산사태 주의
- 저지대, 하천 주변, 산사태 위험 지역에 거주하는 경우 즉시 대피 준비.
- 전기 설비가 물에 잠기지 않도록 사전 조치.

■ 태풍이 지나간 후

피해 지역 점검

- 밖으로 나가기 전, 주변 환경(전선, 나무, 건물 파손 상태 등)을 확인하고 안전이 확보된 후 이동.
- 감전 위험이 있을 수 있으므로 침수된 전선이나 가로등 근처에 가지 않음.

식수 및 음식물 안전 확인

- 정전이 길어지면 냉장고 속 음식이 상할 수 있으므로 상태 확인 후 섭취.
- 수돗물이 오염되었을 가능성이 있으므로 반드시 끓여서 마시거나 생수 이용.

재산 및 가옥 점검

- 지붕, 창문, 배수 시설 등의 파손 여부 확인 후 보수 작업 진행.
- 보험에 가입되어 있다면 피해 상황을 사진으로 기록하고 보험사에 신고.

추가적인 재난 대비

- 다음 태풍에 대비하여 필요한 보강 공사를 진행하고, 부족했던 대비 물품을 보충.

- 지역 재난 지원 센터나 정부 지원 대책을 확인하여 복구 지원 요청.

※ 요약

지진은 예측이 어렵지만, 철저한 대비와 신속한 대응을 통해 피해를 줄일 수 있다. 평소에 지진 발생 시 행동 요령을 숙지하고, 대비 훈련을 시행하는 것이 무엇보다 중요한다. 가족 및 지역 사회와 협력하여 안전한 대피 방법을 익히고, 긴급 상황에서도 침착하게 행동할 수 있도록 준비해야 한다.

2-3. 홍수 및 폭우 대처법

홍수와 폭우는 단시간에 엄청난 강수량이 쏟아져 발생하는 자연재해로, 하천 범람, 도로 침수, 산사태 등의 피해를 초래할 수 있다. 특히 저지대나 배수 시설이 미비한 지역에서는 피해가 더욱 심각할 수 있다. 따라서 사전 대비, 발생 중 대응, 발생 후 복구 절차를 철저히 숙지하는 것이 중요하다.

■ 홍수와 폭우의 특징 및 위험성

홍수와 폭우의 주요 원인

- 집중호우: 짧은 시간 동안 많은 비가 내려 배수 시설이 감당하지 못할 경우 발생.
- 하천 범람: 강이나 하천의 수위가 상승하여 주변 지역으로 물이 넘치는 현상.
- 댐 방류: 댐의 수위 조절을 위해 방류가 이루어질 경우 하류 지역이 침수될 위험 증가.
- 태풍과 장마: 지속적인 강우로 인해 지반이 약해지고 배수 불량으로 홍수 가능성 증가.
- 도시 침수: 배수 시스템이 미흡하거나 하수도 시설이 막힐 경우 도심에서도 침수 피해 발생.

홍수와 폭우의 주요 위험 요소

- 급류와 익사 위험: 빠른 물살에 사람이 예기치 못하게 휩쓸릴 위험이 큼.
- 전기 감전 사고: 침수된 지역에서 전선이 끊어지면 감전 위험 증가.
- 산사태 및 지반 붕괴: 장기간의 폭우로 인해 지반이 약해지면서 산사태 발생 가능.

- 전염병 및 위생 문제: 오염된 물이 섞여 위생 상태 악화, 감염병 유발 가능.
- 도로 및 교통 마비: 도로 침수로 차량 이동이 불가능해지고, 대중교통 운영이 중단될 수 있음.

■ 홍수 및 폭우 사전 대비 방법

기상 정보 확인
- 기상청, 뉴스, 재난 문자 등을 통해 폭우 예보 및 홍수 경보 여부를 확인.
- 저지대나 하천 근처 거주자는

집 주변과 실내 안전 조치
- 중요한 가구 및 전자기기를 높은 곳으로 이동.
- 침수 가능성이 있는 지역에서는 배수구와 하수도 상태를 미리 점검.
- 방수용 모래주머니를 출입문 앞에 배치하여 물이 들어오는 것을 방지.
- 정전 대비 손전등, 보조 배터리, 휴대용 라디오 준비.

비상 대피 계획 수립
- 지역 내 대피소(학교, 관공서 등)의 위치를 미리 확인

하고 대피 경로 숙지.
- 가족과 사전 대피 계획을 공유하고 비상 연락망 설정.
- 자동차는 침수 우려가 없는 높은 지대로 미리 이동.

비상 물품 준비
- 식량 및 생수: 최소 3일치 준비.
- 구급약품: 응급 처치 도구 확보.
- 개인 서류 방수팩에 보관.

■ 홍수 및 폭우 발생 중 대응

실내 안전 확보
- 문과 창문을 닫고 물이 들어오지 않도록 차단 조치.
- 정전 예상시 전기 제품 언플러그/ 가스 밸브 잠금.
- 라디오나 스마트폰을 이용해 최신 기상 상황과 정부의 안내 방송을 청취.

침수 지역 이동 금지
- 물이 불어난 도로나 하천 주변을 피하고, 급류가 흐르는 곳에서는 절대 이동하지 않음.
- 차량 운행 중 도로가 침수될 경우 즉시 차량을 멈추고 안전한 고지대로 이동.

- 하수구나 맨홀 근처는 물살이 강하게 빨려 들어갈 수 있으므로 접근 금지.

대피가 필요한 경우
- 대피령이 내려지면 신속히 대피소로 이동.
- 도보 이동 시, 가급적 물이 없는 길을 선택하고, 깊이를 알 수 없는 물속으로 들어가지 않음.
- 차량이 물에 잠길 경우, 즉시 창문을 열어 탈출하거나 문이 열리지 않으면 앞유리를 부수고 탈출.

■ 홍수 및 폭우 발생 후 복구

침수된 지역 점검
- 물이 빠진 후에도 전선이나 가스 누출 여부를 확인하고, 감전 위험이 있는 곳에는 접근 금지.
- 가옥 및 건물의 구조적 안전성을 확인한 후 출입.

음식과 식수 안전 점검
- 침수된 지역의 물은 정화되지 않았을 가능성이 크므로 반드시 끓여서 마심.
- 오염 가능성이 있는 음식은 섭취하지 않고 폐기.

주택 및 차량 피해 점검

- 집 내부가 침수되었을 경우 환기를 시키고, 가구 및 벽지에 곰팡이가 생기지 않도록 건조 작업 진행.
- 차량이 침수 시, 시동을 걸지 말고 정비소에서 점검.
- 보험 가입 시 피해 상황 사진 기록 후 보험사에 청구.

전염병 및 위생 관리
- 침수 후에는 위생 관리가 중요하므로 손을 자주 씻고, 감염 예방을 위해 소독 실시.
- 감염병 의심 증상이 나타나면 즉시 의료기관 방문.

정부 및 지자체 지원 확인
- 정부 및 지방자치단체의 재난 지원금 신청 여부 확인.
- 자원봉사 센터나 복구 지원 프로그램에 대한 정보 확인 후 지원 요청.

※ 요약

기상 정보를 확인하고 대피 계획과 비상 물품을 준비하는 것이 중요하다. 폭우 시 침수 지역을 피하고 안전한 대피소로 이동해야 하며, 홍수 이후에는 위생과 감염 예방, 전기 및 가스 점검에 유의해야 한다. 대비책을 실천하면 피해를 줄일 수 있다.

2-4. 산사태 예방 및 대응 방법

산사태는 집중호우, 지진, 산불 등의 요인으로 인해 지반이 약해지면서 대량의 흙과 바위가 한꺼번에 무너져 내리는 자연재해다. 산사태는 매우 빠르게 발생하며, 경로에 있는 마을, 도로, 농경지 등에 큰 피해를 줄 수 있다. 따라서 사전 예방, 발생 시 대응, 발생 후 복구 방법을 숙지하는 것이 중요하다.

■ 산사태의 원인과 위험성

산사태의 주요 원인

- 집중호우 및 장마: 장기간 많은 비가 내려 토양이 물을 흡수하면서 무거워지고, 지반이 약해짐.
- 지진 및 진동: 지진으로 인해 암반과 토양이 흔들리면서 붕괴 가능성 증가.
- 산불 후 토양 약화: 산불로 인해 식물 뿌리가 사라지면서 토양이 느슨해지고 빗물이 스며들기 쉬워짐.
- 난개발 및 벌목: 산림이 과도하게 훼손되면 토양이 안정성을 잃고 쉽게 무너짐.
- 경사면 절개 및 도로 건설: 경사면을 깎아 만든 도로 주변에서 지반이 불안정해질 가능성이 높음.

산사태의 주요 위험 요소

- 급속한 토사 유출: 순식간에 토사가 밀려 내려와 인명 및 재산 피해 발생.
- 도로 및 철도 차단: 산사태가 도로와 철도를 막아 교통 마비 및 고립 사태 유발.
- 주택 및 농경지 피해: 가옥이 매몰되거나 농경지가 파괴될 위험.

- 강 및 하천 오염: 토사가 강으로 유입되면 수질 오염 및 홍수 위험 증가.

■ 개인이 할 수 있는 예방 조치

산사태 위험 지역 확인
- 거주 지역이 산사태 위험 지역인지 확인하고, 정부 및 지자체에서 제공하는 산사태 위험지도 참고.
- 위험 지역 내 거주자는 대피 경로와 안전지대를 미리 파악.

주변 환경 점검
- 집 주변 경사면이나 산비탈의 균열, 뿌리 노출, 지하수 유출 등의 징후를 정기적으로 점검.
- 배수로 및 하수구를 점검하여 빗물이 고이지 않고 흐를 수 있도록 유지.
- 경사면 근처 나무와 식물을 심어 토양을 단단히 고정.

건축 및 구조 강화
- 산사태 위험 지역에 거주할 경우, 토사 방지벽 및 배수 시설을 설치하여 위험 최소화.
- 건물 주위에 방수포를 설치하여 토양이 씻겨 내려가

는 것을 방지.

기상 정보 주시
- 장마철이나 태풍이 올 경우, 기상청, 행정안전부 재난 문자 알림을 확인.
- 산사태 주의보가 발령되면 즉시 대비 태세를 갖춤.

■ 정부 및 공공기관의 예방 조치

배수 및 수로 정비
- 계곡 및 산사태 위험 지역의 배수 시설을 정기적으로 점검하고 정비.
- 물이 잘 빠지도록 인공 배수로를 추가 설치.

산림 보호 및 복구
- 산림 벌목을 최소화하고, 나무 심기를 통해 토양의 결속력 유지.
- 산불 발생 후, 빠른 복구 작업을 진행하여 산사태 발생 가능성을 줄임.

산사태 예보 및 감시 시스템 운영
- 산사태 위험 지역에 자동 감지 센서를 설치하여 이상 징후 발생 시 경보 시스템 가동.
- 위험 지역 주민에게 조기 경보를 제공하여 신속한 대

피 가능하도록 조치.

■ 산사태 발생 징후 감지법
- 경사면에 균열 발생.
- 나무와 바위가 비정상적으로 기울어지거나 움직임.
- 지하수 또는 우물물이 갑자기 흙탕물로 변하는 현상.
- 갑작스러운 땅울림, 진동 또는 지하에서 들리는 소리.

■ 산사태 발생 중 행동 요령

즉시 대피
- 산사태가 발생하면 고지대로 신속히 이동.
- 실내에 있을 경우, 2층 이상 높은 곳으로 이동한 후 창문에서 멀리 떨어짐.
- 차에 있을 경우, 신속히 차에서 내려 가장 가까운 높은 지대로 이동.

대피 중 주의사항
- 도보 이동 시 경사진 지역과 계곡을 피하며, 수직 방향으로 이동.
- 강한 토사 흐름이 있는 지역을 절대 건너지 말 것.

- 가족과 미리 정해둔 대피소에서 다시 모일 것.

긴급 연락 및 신고

- 119나 지자체 재난대책본부에 산사태 발생 사실을 신고하고, 주변 사람들에게 위험을 알림.
- 구조 요청 시 스마트폰 손전등이나 소리를 이용.

■ 산사태 발생 후 복구 및 안전 점검

피해 지역 접근 금지

- 산사태가 멈춘 후에도 2차 산사태 가능성이 있으므로 안전 확인 전까지 접근 금지.
- 무너진 지역 근처에 있는 전봇대나 송전선을 조심하여 감전 사고 방지.

거주지 점검

- 집이 산사태 피해를 입었을 경우, 구조 안전성을 확인한 후 입장.
- 집 주변 지반이 약해졌다면 전문가에게 진단 요청.

식수 및 위생 점검

- 산사태로 인해 수질이 오염되었을 수 있으므로 반드시 끓여 마시거나 생수 사용.
- 감염병 예방을 위해 손 씻기와 개인 위생 철저히 관리.

피해 보상 및 정부 지원 확인

- 피해 상황을 사진으로 기록하여 재난 지원금을 신청.
- 복구 비용 지원 여부를 확인하고, 정부나 지자체의 지원을 받을 수 있는지 문의.

※ 요약

산사태는 짧은 시간 안에 큰 피해를 초래하는 재난이지만, 사전 예방 조치를 철저히 하고, 조기 징후를 감지하며, 신속한 대피를 수행하면 인명 피해를 최소화할 수 있다. 정부와 개인이 협력하여 산사태 위험 지역을 관리하고, 피해 발생 후 신속한 복구 작업을 진행하는 것이 중요하다. 산사태는 항상 대비해야 하는 재난 중 하나이므로, 예방 대책을 숙지하고 실천하는 것이 가장 중요한 생존 전략이다.

2-5. 폭염과 한파 대비법

　폭염과 한파는 극한 기온 변화로 인해 인체와 환경에 심각한 영향을 미치는 기후 재해다. 특히, 폭염은 열사병과 온열질환을 유발할 수 있으며, 한파는 동상과 저체온증 등의 위험을 증가시킨다. 이에 따라 사전 대비책을 마련하고, 발생 시 적절한 대응을 하는 것이 중요하다.

■ 폭염 대비법

　폭염은 기온이 급격히 상승하여 고온다습한 날씨가 지속되는 기후현상을 의미한다. 이는 온열질환, 농작물 피해, 전력 과부하, 가뭄 등의 문제를 초래할 수 있다.

■ 폭염 발생 전 대비책

기상 예보 확인

- 기상청, 뉴스, 재난 문자 등을 통해 폭염 경보 및 기온 예측 정보를 확인.
- 폭염주의보(1일 최고 체감온도 33°C 이상) 및 폭염경보(35°C 이상) 발령 여부 주시.

실내 환경 대비

- 에어컨과 선풍기의 정상 작동 여부 점검.
- 창문을 열어 통풍을 원활하게 유지하고, 직사광선을 차단할 수 있도록 커튼이나 블라인드를 사용.
- 냉방 기구를 사용할 수 없는 경우, 습도를 조절하고 시원한 공간(지하실, 도서관, 마트 등 시설 설비 없이도 서늘한 온도를 유지하는 공간) 마련

폭염 대비 필수 물품 준비

- 생수, 이온음료 등 충분한 수분 확보.
- 냉방 시설이 부족한 경우 쿨토시, 차광막 등 활용.

■ 폭염 발생 시 대응 방법

실내에서 안전하게 생활

- 낮 12시~오후 5시 사이에는 가급적 외출을 삼가고 실내에서 활동.
- 실내 온도를 26~28°C로 유지하고, 장시간 에어컨 사용이 어렵다면 선풍기와 함께 사용하여 효과 극대화.
- 물을 자주 마시되, 카페인·알코올 음료는 피할 것(체내 수분 배출을 촉진).

야외 활동 시 주의사항

- 외출할 경우 모자, 양산, 선글라스를 착용하고 가벼운 옷차림 유지.
- 햇빛이 강한 곳에서 장시간 노출되지 않도록 주의.
- 격한 운동을 피하고, 물을 충분히 섭취하며 땀이 많이 날 경우 전해질 보충.

- 차량 내 고온 주의(특히, 어린이·노약자는 절대 차량에 방치하지 않기).

폭염 관련 응급 상황 대처
- 어지러움, 두통, 메스꺼움, 근육경련이 발생하면 즉시 시원한 곳으로 이동하고 수분을 섭취.
- 의식이 혼미하거나 열사병 증상이 보이면 즉시 119에 신고하고, 환자를 시원한 곳에서 안정시키며 물을 제공(단, 의식이 없으면 물을 억지로 먹이지 않기).

■ 한파 대비법

한파는 기온이 급격히 하강하면서 체온 유지가 어려워지고, 수도관 동파, 농작물 냉해, 한랭질환(저체온증, 동상) 등의 피해를 초래하는 현상이다.

■ 한파 발생 전 대비책

기상 예보 확인
- 한파경보(아침 최저기온 -15°C 이하) 및 한파주의보(아침 최저기온 -12°C 이하) 발령 여부 확인.
- 기온 하강에 대비하여 야외 활동 시간 조정 방한 준비.

실내 환경 대비
- 실내 온도 18~22°C 유지, 과도한 난방은 화재 위험 증가.
- 창문과 문틈을 단열재, 문풍지 등으로 밀폐하여 찬 공기 유입 방지.
- 수도관 동파 방지를 위해 외부 노출 수도관 보온재 감싸기 및 수돗물을 약하게 틀어둠.

한파 대비 필수 물품 준비
- 방한복(내복, 장갑, 목도리, 귀마개, 털모자 등).
- 온열 기구(전기장판, 난방기, 핫팩 등).
- 비상용 연료(난방유, 가스, 장작 등).

■ 한파 발생 시 대응 방법

실내 보온 유지
- 난방 기구를 사용할 때에는 환기를 주기적으로 실시하여 일산화탄소 중독 방지.
- 실내 습도 유지(40~50%)를 위해 가습기 사용 또는 젖은 수건 걸어두기.
- 바닥이 차가운 경우, 카펫이나 매트를 깔아 냉기 차단.

야외 활동 시 주의사항

- 두꺼운 옷 한겹보다 얇은 옷을 여러 겹 겹쳐 입기(레이어링 원칙).
- 장갑, 모자, 목도리, 귀마개 등으로 노출 부위 최소화.
- 미끄럼 방지 신발 착용하여 빙판길 낙상 예방.
- 장시간 외부 노출 시 동상 및 저체온증 주의(피부가 창백하거나 감각이 둔해지면 즉시 실내로 이동).

한랭질환 응급 대처

- 저체온증(체온 35°C 이하): 의식이 혼미할 경우 즉시 119 신고, 따뜻한 곳으로 이동. 마른 옷으로 갈아입히고 따뜻한 음료 제공(단, 의식이 없으면 물을 억지로 먹이지 않기).
- 동상(피부가 창백하고 감각이 둔해짐): 따뜻한 물(40~42°C)로 서서히 데우고, 뜨거운 물이나 불에 직접 노출 금지. 손발을 문지르지 말고 부드럽게 감싸기.

※ 요약

　폭염과 한파는 기온의 급격한 변화로 인해 인체와 환경에 큰 영향을 미치는 자연재해다. 사전 대비를 철저히 하고, 발생 시 신속한 대응을 하며, 응급 상황에 적절히 대처하는 것이 생명을 보호하는 핵심 요소다.

　폭염 대비: 실내 냉방 유지, 수분 섭취, 야외 활동 자제.

　한파 대비: 보온 유지, 방한복 착용, 저체온증·동상 주의.

　기상 예보를 항상 확인하고, 대비책을 실천한다면 폭염과 한파로 인한 피해를 최소화할 수 있다.

2-6. 번개와 낙뢰 사고 예방법

번개와 낙뢰는 강한 전류가 대기 중에서 땅으로 방출되는 현상으로, 인명과 재산에 심각한 피해를 초래할 수 있다. 특히, 야외 활동 중이나 높은 지형에서 낙뢰에 맞을 위험이 크기 때문에 철저한 대비가 필요하다.

■ 번개와 낙뢰의 발생 원리
- 구름 속에서 전하(양극과 음극)가 분리되면서 강한 전류가 방출됨.
- 번개가 지면과 연결될 경우, 낙뢰(벼락)로 이어져 물체와 지표면을 강타함.

■ 발생낙뢰의 주요 위험 요소

인명 피해
- 낙뢰가 직접 사람을 강타하면 심장 마비, 신경 손상, 화상, 청력 손상등을 유발할 수 있음.
- 직접 맞지 않더라도 전류가 주변 물

시설 및 장비 피해
- 전봇대, 건물, 나무 등에 낙뢰가 떨어지면 전선이 끊어지고, 화재 및 정전 발생.
- 강한 전류가 흐르면 과부하로 인해 고장날 수 있음.

산불 및 폭발 위험
- 낙뢰로 인해 산불이 발생할 수 있으며, 연료 저장소(기름탱크, 가스탱크) 근처에서 발생하면 폭발 위험이 있음.

■ 번개 및 낙뢰 사고 예방 방법

　기상 예보 확인
- 번개가 발생할 가능성이 높은 날(습도가 높고 대기가 불안정한 날)에는 기상청 예보를 미리 확인.
- 천둥이 들리기 시작하면 곧 번개가 칠 거라는 신호이므로 즉시 안전한 곳으로 이동.

　야외 활동 계획 조정
- 낙뢰 위험이 높은 날에는 등산, 캠핑, 낚시, 골프, 해변 활동을 피함.
- 갑자기 천둥·번개가 칠 경우 즉시 안전한 장소(건물, 차량)로 대피.

　건물 및 전자기기 보호
- 낙뢰로 인한 화재 방지 위해 건물에 피뢰침 설치.
- 낙뢰 예보가 있으면 전자기기(컴퓨터, TV 등)의 플러그를 뽑아 전자제품 손상 방지.

■ 번개·낙뢰 발생 시 행동 요령

　실내에 있을 경우
- 창문과 문을 닫고, 벽이나 금속에서 떨어져 있기.

- 전기 콘센트, 전자제품, 수도관 근처에 손대지 않기 (전류가 흐를 가능성 있음).
- 휴대폰, 유선전화 사용을 피하고, 응급 상황 시에는 피커폰이나 무선 전화 사용.

야외에 있을 경우
- 건물 안이나 차량 내부로 신속히 이동.
- 자동차에 있을 경우, 차문과 창문을 닫고 차 안에 머무르기(금속 외장이 있는 자동차는 전류를 차체를 통해 바닥으로 분산시키므로 비교적 안전함.)
- 나무 밑이나 우산·낚싯대처럼 금속 물체 피하기.
- 낮은 곳으로 이동, 벼락 맞을 위험이 높은 언덕, 산꼭대기, 넓은 공터 피하기.
- 큰 바위 아래나 동굴처럼 천장이 있는 곳을 찾되, 벽과 1m 이상 거리 유지.

야외에서 갑자기 낙뢰가 칠 경우
- 대피할 곳이 없을 경우, 몸을 최대한 낮추고 발을 모으고 앉기(전류가 몸을 통과하는 면적 줄이기).
- 손과 무릎으로 땅을 짚지 않기(전류가 몸을 통해 흐를 위험 있음).

- 서로 가까이 있으면 전류가 퍼질 위험이 있으므로 사람들끼리 최소 3~5m 이상 거리 유지.

물가 근처에서는 즉시 벗어나기
- 물은 전기를 잘 전달하므로, 수영장·호수·강·바다에서 즉시 나와야 함.
- 보트나 낚시를 하던 중이면 즉시 육지로 대피.

야외에서 전자기기 사용 금지
- 우산, 골프채, 낚싯대, 삼각대 등 금속이 포함된 물건 사용 엄금.
- 스마트폰, 태블릿 사용을 자제하고, 이어폰 착용 금지 (낙뢰로 인해 감전될 수 있음).

■ **낙뢰로 인한 감전 사고 응급 처치**

낙뢰를 맞은 사람 발견 시
- 즉시 119에 신고하고 심각한 부상 여부 확인.
- 의식이 없으면 심폐소생술(CPR) 즉시 실시.
- 감전으로 화상을 입었을 경우, 옷을 벗기지 말고 깨끗한 천으로 감싼 후 응급처치.
- 부상을 입은 사람이 젖어 있다면, 구조자가 절연 물질

(나무판자, 고무장갑 등)을 이용해 접촉.

낙뢰로 인해 화재가 발생했을 경우

- 즉시 119에 신고하고 대피.
- 전기 화재일 경우, 물 대신 소화기(분말소화기) 사용.
- 건물 내부에서 불이 나면 연기를 피하며 신속히 탈출.

※ 요약

번개와 낙뢰는 강력한 전류를 동반하며, 인명과 재산에 심각한 피해를 초래할 수 있다. 따라서 기상 예보를 확인하고, 야외 활동을 조절하며, 안전한 장소로 대피하는 것이 가장 중요한 예방 조치다.

2-7. 화산 폭발 시 생존법

　　화산 폭발은 용암, 화산재, 가스, 화쇄류(고온의 가스와 화산재가 빠르게 흐르는 현상) 등을 동반하며 인명과 환경에 치명적인 영향을 미치는 자연재해다. 특히, 화산 폭발의 강도와 유형에 따라 대응 방법이 달라지므로 철저한 대비와 신속한 대피가 중요하다.

■ 화산 폭발의 주요 현상

화산재(Volcanic Ash)
- 공기 중으로 퍼지는 미세한 돌가루로, 호흡기 질환을 유발하고 시야를 가려 교통사고를 초래할 수 있음.

용암(Lava Flow)
- 뜨거운 용암이 흘러내려 건물과 자연을 파괴하며, 직접 닿으면 치명적인 화상을 입을 수 있음.

화산 가스(Volcanic Gas)
- 이산화황(SO_2), 이산화탄소(CO_2), 황화수소(H_2S) 등 유독 가스를 포함하며 호흡곤란, 중독, 사망 위험이 있음.

화쇄류(Pyroclastic Flow)
- 최대 시속 700km로 빠르게 이동하는 초고온(최대 1,000°C)의 화산재, 가스, 돌조각들이 폭발과 함께 쏟아져내려 도망칠 시간이 거의 없음.

지진 및 산사태
- 화산 활동으로 인해 지진이 발생하며, 산사태나 쓰나미(해저 화산 폭발 시) 위험이 증가.

비산물(Volcanic Bombs & Projectiles)
- 화산에서 강한 폭발과 함께 큰 암석과 파편이 빠른 속도로 날아와 충격 피해를 줌.

■ 화산 폭발 전 대비책

화산 위험 지역 확인
- 거주 지역이 화산 폭발 위험 구역인지 확인 (정부, 기상청, 지질 연구소 정보 활용).
- 대피소 위치 및 안전 경로 미리 숙지.

비상 대피 물품 준비
- 방진 마스크(KF94 이상): 화산재 흡입 방지.
- 고글: 눈 보호(화산재로 각막을 손상할 수 있음).
- 비상식량 및 물(최소 3일분): 식수 오염 가능성 대비.
- 손전등 및 보조배터리: 정전 대비.
- 비닐봉투 및 방수포: 화산재로부터 장비 보호.

가옥 및 차량 보호
- 문과 창문을 밀폐하여 화산재 실내 유입 방지.
- 지붕이 화산재 무게로 붕괴될 수 있으므로 정기적으로 제거할 수 있도록 도구 준비.

- 차량의 공기 필터 보호(화산재는 엔진 손상 유발).

화산 경보 시스템 확인
- 화산 경보 단계 숙지
- 예) 주의보, 경고, 긴급 대피령 등.
- 정부 및 재난 관리 기관의 공식 발표 확인.

■ 화산 폭발 시 대피 및 생존법

실내에 있을 경우
- 문과 창문을 닫고 외부 공기 차단: 문틈을 테이프나 천으로 막아 유독 가스 및 화산재 유입 방지.
- 화산재 대비 보호 장비 착용: KF94 이상 마스크 착용으로 호흡기 보호. 고글 착용(콘택트렌즈 사용 금지, 눈 자극 가능).
- 전력 및 가스 차단: 화산재가 전선을 손상시킬 수 있으니 감전 및 화재 예방 차원에서 차단.
- 식수와 음식 보호: 화산재 오염 방지를 위해 식수 및 음식물을 밀폐 용기에 보관.

야외에 있을 경우
- 즉시 대피소로 이동. 가능한 한 건물 안이나 차량 내부

로 피신. 폭발이 발생하면 건물의 창문에서 멀리 떨어진 곳에 머무름.
- 호흡기와 눈 보호. KF95 마스크 또는 젖은 천으로 입과 코를 가리고, 고글 착용. 화산재는 미세한 돌가루이므로 장시간 노출 시 폐 손상 가능.
- 고지대 및 계곡 피하기. 화쇄류 및 용암 흐름을 피하기 위해 낮은 지형(강가, 계곡 등)에서 벗어나기.
- 차량 이용 시 주의사항. 화산재가 쌓이면 도로가 미끄러워지므로 서행. 차량 필터 막힘 및 엔진 손상을 방지하기 위해 가급적 운전 자제.

대피가 필요할 경우

- 정부 및 지자체의 대피 명령을 즉시 따름. 대피령이 내려지면 신속하게 행동(화산 폭발은 빠르게 진행될 수 있음). 도보 이동 시 머리를 보호하는 모자 및 후드 착용. 낮은 곳을 피하고 바람을 등지고 이동(유독가스 및 화산재 피하기).
- 대피소는 화산재 제거를 위해 신발과 옷을 털고 입장. 실내에서도 마스크 착용을 유지하여 호흡기 보호. 식수 오염 가능성이 크므로 끓인 물 또는 생수 섭취.

■ 화산 폭발 후 복구 및 안전 조치

귀가 전 안전 점검
- 화산 폭발이 멈춘 후에도 추가 폭발 가능성이 있으므로 공식 발표를 확인.
- 집이 손상되지 않았는지 점검 후 귀가.

화산재 청소 및 건강 관리
- 화산재는 미세한 입자로 호흡기 질환을 유발할 수 있으므로 물로 적신 천을 이용해 청소.
- 실내 공기를 환기시키되, 외부에서 들어오는 재가 많다면 창문을 닫아둠.

식수 및 음식 확인
- 식수 공급이 오염될 수 있으므로 정수된 물을 섭취.
- 오염된 음식은 폐기.

화산 피해 복구 및 정부 지원 확인.
- 정부 및 지자체에서 제공하는 지원 프로그램 확인.
- 보험 가입 여부 확인 후 피해 보상 신청.

※ 요약

　화산 폭발은 예측이 어렵고 피해 범위가 넓기 때문에 철저한 사전 대비가 필요하다. 유독 가스와 화산재로부터 호흡기를 보호하기 위해 마스크와 고글을 준비하고, 정부의 대피 명령에는 즉각적으로 따른다. 특히 계곡이나 강 주변 등 낮은 지형은 피해야 하며, 폭발 이후에는 오염된 공기와 식수를 조심하고 피해 지원 체계를 적극 활용해야 한다.

2-8. 쓰나미 발생 시 대피 요령

쓰나미(해일)는 지진, 해저 화산 폭발, 해저 산사태 등으로 인해 발생하는 거대한 파도로, 해안 지역을 급속도로 덮쳐 막대한 피해를 초래할 수 있는 자연재해다. 쓰나미는 빠른 속도(최대 시속 800km)와 높은 파도(최대 30m 이상)로 이동하므로, 즉각적인 대피가 생명을 구하는 핵심 요소다.

■ 쓰나미 발생 원인

해저 지진
- 가장 흔한 원인으로, 규모 6.5 이상의 강진이 발생하면 해저 지각이 움직이며 거대한 파도를 형성.

해저 지진
- 강력한 화산 폭발이 일어나면 엄청난 수압이 생겨 주변 해역에 쓰나미가 발생할 수 있음.

해저 산사태 및 빙하 붕괴
- 해저에서 지각이 무너지거나 빙하가 바다로 떨어질 경우, 급격한 수면 변화로 대규모 쓰나미 발생 가능.

운석 충돌
- 매우 드문 경우지만, 대형 운석이 바다에 충돌하면 강한 충격으로 인해 거대한 쓰나미가 형성될 수 있음.

■ 쓰나미의 주요 위험 요소

빠른 속도로 접근
- 쓰나미는 깊은 바다에서는 빠른 속도로 이동하고 해안 근처에서 급격히 높아짐.

강한 파괴력

- 강력한 파도와 물살로 인해 건물, 차량, 선박이 휩쓸려 가며 심각한 피해 발생.

다중파 가능성
- 첫 번째 파도만이 위험한 것이 아니라 여러 차례 큰 파도가 반복적으로 몰려올 수 있음.

광범위한 침수
- 내륙 깊숙한 곳까지 물이 들어올 수 있으며, 특히 저지대에서는 피해가 더욱 큼.

■ 쓰나미 발생 전 대비 방법

쓰나미 위험 지역 확인
- 거주 지역이 쓰나미 발생 위험 지역인지 확인(해안가, 저지대, 항구 근처 등).
- 쓰나미 위험 지역에 거주하는 경우, 대피소와 대피 경로를 미리 숙지.

기상청 및 경보 시스템 활용
- 해양 기상청, 지진 경보 시스템, 쓰나미 감지 시스템을 통해 쓰나미 경보를 실시간 확인.
- 정부에서 발표하는 쓰나미 주의보(가능성 있음) 또는

경보(즉각 대피 필요)발령 여부 확인.

비상 대피 물품 준비

- 최소 3일 동안 생존할 수 있는 비상식량, 식수, 손전등, 응급약품, 방수팩에 넣은 중요 서류 등 준비.
- 라디오 및 보조배터리 확보 (정전 시에도 경보 확인 가능).

가족 및 대피 계획 수립

- 쓰나미 발생 시 가족이 어디에서 모일지, 어떻게 대피할지 사전에 계획.
- 고지대 대피 장소와 가장 빠른 대피 경로 확인.

■ 쓰나미 경보 발령 시 대피 요령

즉시 고지대로 대피

- 해안에서 멀리 떨어진 높은 지형(산, 언덕, 고층 건물)으로 대피.
- 차량으로 이동할 경우 교통 체증이 발생할 수 있으므로, 상황에 따라 도보 이동도 고려.
- 지진 후 바닷물이 갑자기 빠져나가는 현상이 보이면 쓰나미가 온다는 신호이므로 즉각 대피.

해변에서 즉시 벗어나기
- 쓰나미 발생 시 절대 해안가, 방파제, 부둣가 등에 머물지 말 것.
- 바닷물 빠짐(이상 수위 변화)이 감지되면 즉각 대피.

다중 쓰나미 대비
- 첫 번째 쓰나미가 지나간 후 즉시 돌아가지 말고, 추가적인 파도 경계를 유지.
- 쓰나미는 여러 차례 반복될 수 있으며, 가장 강력한 파도가 나중에 올 수도 있음.

라디오 및 뉴스로 상황 확인
- 쓰나미가 완전히 소멸하기 전까지 정부의 공식 발표를 확인하고, 함부로 집으로 돌아가지 않기.

■ 쓰나미 발생 중

실내에 있을 경우
- 즉시 건물 3층 이상으로 이동(지진으로 손상된 건물은 피해야 함).
- 건물 창문 근처를 피하고, 건물 중심부에 위치.

야외에 있을 경우

- 해안에서 빠르게 벗어나 가까운 높은 곳으로 이동.
- 철탑, 전신주, 배수구, 유리창 근처에서 벗어나기.
- 계곡, 강 주변은 쓰나미가 내륙 깊숙이 들어올 수 있으므로 피해야 함.

차량 이용 시 주의 사항
- 차량이 물에 떠내려갈 경우, 즉시 창문을 열고 탈출.
- 물살이 빠르게 차오르면, 차량을 포기하고 높은 곳으로 이동.

■ **쓰나미 발생 후 복구 및 안전 조치**

쓰나미가 완전히 끝난 후 귀가
- 정부의 공식 발표가 있기 전 해안가로 돌아가지 않기.
- 추가 쓰나미 가능성이 있으므로 대피소에서 대기.

감전 및 오염된 물 주의
- 쓰나미 후 전신주가 쓰러지거나 전선이 끊어진 경우, 감전 위험이 있음.
- 오염된 물에 들어가지 말고, 식수는 반드시 정수된 물을 사용.

피해 지역 점검 및 복구 지원 요청

- 집으로 돌아가기 전 구조 안전성 점검.
- 정부 및 지자체의 피해 지원 프로그램 확인 후 복구 요청.

※ 요약

화산 폭발은 예측이 어렵고 피해 범위가 넓기 때문에 철저한 사전 대비가 필요하다. 유독 가스와 화산재로부터 호흡기를 보호하기 위해 마스크와 고글을 준비하고, 정부의 대피 명령에는 즉각적으로 따른다. 특히 계곡이나 강 주변 등 낮은 지형은 피해야 하며, 폭발 이후에는 오염된 공기와 식수를 조심하고 피해 지원 체계를 적극 활용해야 한다.

2-9. 가뭄과 식수 부족 대비책

가뭄은 장기간 비가 내리지 않아 물 공급이 부족해지는 자연재해로, 농작물 피해, 산불 위험 증가, 식수 및 생활용수 부족 등의 문제를 초래한다. 가뭄이 장기화되면 심각한 물 부족 사태와 경제적 피해로 이어질 수 있으므로, 사전에 철저한 대비가 필요하다.

■ 가뭄의 주요 원인

강수량 부족
- 장기간 비가 내리지 않으면 수자원이 줄어들고 농업 및 생활용수 공급에 문제가 발생.

기후 변화
- 기후 변화로 인해 고온건조한 날씨가 지속되면서 가뭄이 장기화됨.

지하수 및 수자원 고갈
- 과도한 지하수 개발과 하천·호수의 물 사용 증가로 인해 수원이 고갈될 수 있음.

산림 벌채 및 토양 악화
- 나무가 부족하면 수분 저장 능력이 감소하고, 토양이 건조해지면서 가뭄이 심화됨.

인구 증가 및 물 사용 증가
- 인구가 증가할수록 물 사용량이 증가하고, 물 부족 현상이 가속화됨.

■ 가뭄과 식수 부족의 위험 요소

농작물 피해 및 식량 부족
- 물 부족으로 작물이 자라지 못해 식량 생산량 감소.

식수 및 생활용수 부족
- 가뭄이 심하면 수도 공급이 제한되거나 정수장 가동을 멈출 수도 있음.

산불 발생 위험 증가
- 건조할 경우 작은 불씨도 대형 산불로 번질 위험이 큼.

전력 생산 문제
- 수력발전이 가뭄으로 인해 가동되지 못하면 전력 공급이 부족해질 가능성이 있음.

경제적 피해 증가
- 농업, 공업, 생활 전반에 걸쳐 경제적 손실이 커짐.

■ 가뭄 대비 방법

기상 예보 및 가뭄 경보 확인
- 가뭄이 예상될 경우 기상청 및 수자원 관리 기관의 발표를 확인.
- 지역별 물 공급 상황을 체크하고, 정부의 제한급수 계

획이 있는지 확인.

비상 식수 및 생활용수 확보
- 1비상식수 1인당 최소 3~7일치 저장.
- 생수병, 정수된 물로 준비.
- 빗물을 저장 시스템 구축(빗물 저장통 설치).
- 다양한 물 정화법(물 저장 탱크, 필터, 정수기) 준비.

물 사용 절약 습관 실천
- 수도꼭지를 틀어놓지 않기(양치할 때 컵 사용, 설거지 시 물받아 쓰기).
- 샤워 시간을 단축하고, 세탁은 모아서 하기.
- 정원의 물은 아침 또는 저녁에 주어 증발량을 줄이기.

지하수 및 수자원 보호
- 우물 및 지하수를 과도하게 사용하지 않도록 조절.
- 논과 밭의 물 소비량을 줄이기 위해 효율적인 관개 시스템(스프링클러, 점적 관개 등) 활용.

토양 및 식생 보호
- 나무 심기를 통해 수분 저장 능력 강화.
- 작물을 심을 때 물을 적게 사용하는 품종 선택.

■ 식수를 절약하는 방법

식수 저장 및 재활용
- 비상용 식수는 밀폐 용기에 보관하여 오염을 방지.
- 빗물을 모아 정화하여 생활용수로 활용(식수로 사용할 경우 정수 필터 사용).

오염된 물 정화 방법
- 물을 끓여서 병원균 제거(최소 1~3분 이상 끓이기).
- 정수 필터 또는 정수 알약 사용.
- 태양광을 이용한 정수 방법(SODIS, 투명 페트병에 물을 담아 햇볕에 6시간 이상 노출).

생활용수 절약 및 재사용
- 먹거리 세척 후 남은 물 정원이나 청소에 재활용.
- 빨래 후 나온 물을 변기 물 내리는 데 사용.

■ 가뭄 중 농업 및 가축 보호 대책

물 절약형 농업 기술 도입
- 점적 관개, 스프링클러 시스템 활용 물 사용량 최소화.
- 가뭄에 강한 작물(수수, 콩, 감자 등) 재배.
- 토양에 멀칭(덮개)하여 수분 증발 방지.

가축을 위한 물 관리
- 가축용 물 저장소를 마련하고, 최소한의 물로 건강을 유지할 수 있도록 함.
- 건초나 수분 함량이 높은 사료를 활용 물 소비 감소.

■ 정부 및 지역 사회 차원의 가뭄 대응 전략

수자원 관리 정책 강화
- 저수지 및 댐 관리 강화하여 빗물 최대한 저장.
- 해수 담수화 시설 확대(해수를 식수로 변환).

공공 물 절약 캠페인 및 제한 급수 정책 시행
- 시민들에게 물 절약 방법 홍보 및 실천 유도.
- 심각한 가뭄 시 제한 급수 시행(시간별 급수, 요금 인상 등).

장기적인 대책 수립
- 산림 보호 및 녹지 조성을 통해 수자원 보존.
- 기후 변화 대응책 마련(기온 상승 대비, 농업 기술 개발 등).

※ 요약

　화산 폭발은 예측이 어렵고 피해 범위가 넓기 때문에 철저한 사전 대비가 필요하다. 유독 가스와 화산재로부터 호흡기를 보호하기 위해 마스크와 고글을 준비하고, 정부의 대피 명령에는 즉각적으로 따른다. 특히 계곡이나 강 주변 등 낮은 지형은 피해야 하며, 폭발 이후에는 오염된 공기와 식수를 조심하고 피해 지원 체계를 적극 활용해야 한다.

2-10. 산불 발생 시 행동 요령

　산불은 강한 바람을 타고 빠르게 확산되며, 인명 및 재산 피해뿐만 아니라 생태계 파괴까지 초래하는 위험한 재난이다. 특히, 건조한 날씨와 강풍이 불면 산불이 급격히 번질 수 있으므로, 사전 예방과 신속한 대피가 생존의 핵심이다.

■ 산불의 주요 원인

　자연적 원인
- 낙뢰, 강한 태양열, 화산 폭발 등으로 인해 발생.

　인위적 원인
- 불법 소각, 담배꽁초 투기, 캠핑 및 등산 중 부주의한 불 사용, 전선 단락 등.
- 방화(고의로 불을 내는 경우).

■ 산불의 주요 위험 요소

　급속한 확산 속도
- 강풍과 건조한 환경에서는 불이 순식간에 수 킬로미터까지 번질 수 있음.

　유독가스 및 연기
- 산불 발생 시 일산화탄소(CO), 이산화탄소(CO_2), 메탄(CH_4) 등 유독가스가 발생하여 질식 위험이 있음.

　도로 및 통신 두절
- 불길이 도로를 가로막아 탈출 경로가 차단될 수 있음.
- 통신시설 피해 시 연락 두절 가능성이 있음.

화재 후 2차 피해
- 산사태, 토양 유실, 수질 오염 등의 문제 발생 가능.

■ 산불 발생 전 대비 방법

산불 위험 지역 확인
- 거주 지역이 산불 위험 지역인지 확인(산림청, 소방청 발표 참고).
- 산불 발생 시 대피소 위치와 대피 경로를 미리 숙지.

비상 대피 물품 준비
- N94 마스크 또는 젖은 천: 연기 흡입 방지.
- 손전등, 응급약품, 물, 비상식량: 전력 및 수도 공급이 중단될 가능성 대비.
- 중요 서류 방수팩 보관: 신분증, 보험 서류 등 필수 서류를 한 곳에 정리.

집 주변 정리 및 방화 조치
- 집 주변의 낙엽, 마른 풀, 나뭇가지 제거.
- 목재 구조물(울타리, 데크 등)에 방염 처리를 하고, 연료 및 가연성 물질을 집에서 멀리 배치.

소방시설 점검
- 소화기 비치 및 사용법 숙지.
- 집 주변 물 저장 장치(호스, 물통 등) 마련.

■ 산불을 감지했을 때 행동 요령

즉시 신고(☎119, 산림청 1588-3249)
- 산불이 발생하면 위치, 화재 크기, 바람 방향 등을 정확히 신고.

초기 진화 시도
- 가능한지 먼저 상황을 살피는 것이 중요.
- 불이 작고, 주변에 물이 있으면 물이나 모래를 이용하여 진화.
- 바람을 등지고 소화기, 삽, 나뭇가지 등을 이용해 불길을 두드려 끄기.

대피 준비
- 바람 방향 확인하고 산불의 진행 경로를 피해서 이동.
- 산불이 도로를 차단할 가능성이 있으므로 차량이 있다면 미리 이동 준비.

■ 산불이 접근할 때 대피 방법

즉시 대피소 또는 안전한 곳으로 이동

- 즉시 대피소 또는 안전한 곳으로 이동. 산불은 바람을 타고 빠르게 이동하므로 최대한 신속하게 대피.
- 연기 방향을 피하며 낮은 곳(도로, 강가) 또는 불이 번지기 어려운 곳으로 이동.
- 불길이 빠르게 번질 수 있으므로 대피 도중 절대 뒤돌아보지 않기.

야외에서 대피할 때

- 넓은 공터, 강변, 도로변 등 연료가 적은 장소로 이동.
- 젖은 천이나 마스크로 코와 입을 가리고 가능한 한 낮은 자세 유지.
- 바람이 부는 방향을 등지고 이동.
- 옷에 불이 붙으면 STOP-DROP-ROLL(멈추고, 엎드리고, 구르기) 방법으로 불을 끄기.

차량 이동 시 주의사항

- 산불로 인해 도로가 막힐 수 있으므로, 대체 경로를 미리 확인.

- 불길이 차량 근처로 접근하면 차에서 내려 낮은 곳으로 피신.
- 차량 창문을 닫고, 에어컨을 내부 순환 모드로 설정하여 연기 흡입 방지

실내에서 대피할 때
- 문과 창문을 모두 닫고 실내 공기를 유지(외부 연기 유입 방지)
- 불길이 건물로 번지면 즉시 대피 준비
- 화재가 심할 경우, 바닥에 젖은 수건을 깔고 낮은 자세로 대기

■ 산불 발생 후 복구 및 안전 조치

불이 완전히 진압된 후에 귀가
- 불씨가 남아있을 수 있으므로 정부 발표 후 안전이 확인되면 귀가.
- 잔불이 남아 있을 경우 즉시 신고(☎119).

건물 및 재산 피해 점검
- 집 안의 가스, 전기, 수도 상태를 확인 후 복구.
- 가재도구와 물품은 연기 및 그을음으로 오염되었을 수 있으므로 깨끗이 청소.

건강 상태 확인 및 치료

- 연기를 많이 마셨다면 즉시 병원 방문(일산화탄소 중독 위험).
- 피부 화상, 호흡기 문제 등이 있을 경우 응급 치료 후 병원 방문.

정부 및 지자체 지원 확인

- 산불 피해 지원금 신청 및 복구 프로그램 확인.
- 화재 보험 가입 여부 확인 후 피해 보상 청구.

※ 요약

　산불은 강한 바람을 타고 매우 빠르게 확산되므로 즉각적인 대피가 필수적이다. 산불 발생 시, 가장 중요한 것은 신속한 대피이다. 연기와 유독가스를 피하고, 낮은 곳으로 이동하며, 바람 방향을 고려해야 한다. 산불이 난 지역은 진압이 완료되기 전까지 절대 돌아가지 않는다. 산불 예방을 위해 생활 속에서 불씨 관리 철저히 한다.(담배꽁초, 불법 소각 금지). 산불은 예방이 최선의 대응책이며, 대피 요령을 숙지하면 생존 확률을 높일 수 있다!

3장
사회 혼란 대비책

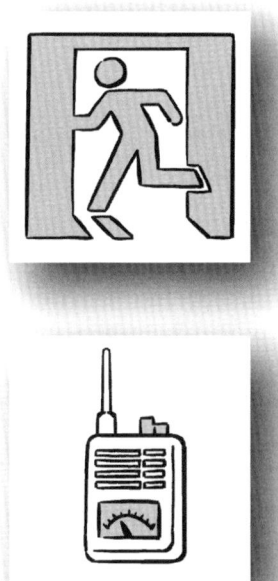

3-1. 전쟁 전

전쟁은 예고 없이 발생할 수 있으며, 한순간에 일상을 붕괴시키는 극단적인 위기를 초래한다. 따라서 평소 대피소 위치를 확인하고, 생존 가방을 준비하는 등 사전 대비가 생명을 지키는 첫걸음이다. 특히, 공습경보와 같은 위급 상황이 발생했을 때 빠르게 판단하고 신속히 대피할 수 있도록 반복적인 훈련과 정보를 가족과 함께 공유해두는 것이 중요하다.

■ 비상시 기억해야 할 것

일상에서 준비할 것
- 가까운 대피장소 사전에 파악하기
- 네이버 등 인터넷 검색으로 민방위 대피장소 확인
- (대피소 엠블럼 등 표시 이미지)

비상 생존가방 준비
- 생수, 간편식, 손전등, 상비약, 라디오(건전지), 화장지(물티슈), 우의, 담요, 방독면, 마스크, 고무장갑, 장화, 비닐장갑 등

공습경보가 울리거나 포탄이 떨어질 때
- 신속하게 대피: 가까운 민방위 대피소, 지하철역, 지하주차장, 콘크리트 건물 내 유리창 없는 곳으로 이동
- 대피소에서는 정부 안내방송을 청취하고 질서 유지

■ 비상시 기억해야 할 것

1. 경계경보 시 침착하게 평소 준비한 생활필수품 확인
2. 단전 시 손전등, 라이터(성냥) 등 점검
3. 단수 대비: 욕조나 양동이에 물 받아두기
4. 비상연락망 확인:

정부 민원안내 110

긴급구호 119

범죄신고 112

의심물 신고 1338

■ **직장에 있을 시**

1. 차량 운행 중일 경우: 도로 오른쪽에 정차, 키는 두고 대피소 또는 지하공간으로 신속히 대피
2. 대피 후 정부방송을 계속 청취하고 지시에 따름
3. 동원 대상자는 국가동원령 선포 시 가족에게 연락 후 집결지로 이동

■ **학교에 있을 시**

1. 가까운 비상구 확인
2. 비상계단으로 민방위 대피시설/ 지하공간으로 이동
3. 학교에서 지정한 안전대피구역으로 대피

■ **비상시 정부 대응**

1. 국가비상사태 선포 → 민·관·군 협력 대응

2. 국가동원령 선포 → 인력, 물자, 장비 등 동원
3. 생필품 배급제 실시 (필요 시 유상)

3-2. 전쟁 시작

　전쟁이 발발하면 사회 시스템이 마비되고 전기·수도 등 필수 인프라가 중단될 수 있으며, 화생방·생물학·핵 위협 등 다양한 2차 피해가 뒤따를 수 있다. 이때는 정부의 지시를 철저히 따르고, 각종 보호장비를 활용해 자신의 안전을 지키는 것이 가장 중요하다. 또한, 혼란 속에서 냉정을 유지하고, 가족과 공동체 내에서 역할을 분담해 협력하는 자세가 생존을 가능하게 하는 핵심 요소다.

■ 경계경보 시
- TV, 라디오를 통해 정부 안내 청취
- 야간에는 불빛 차단 (불 끄기)
- 화재 위험 물질(석유, 가스) 정리 및 가스밸브 차단, 전열기 코드 뽑기
- 화생방 공격 대비: 방독면 등 보호장비 점검
- 음식과 식수는 뚜껑 또는 비닐로 덮어 보관
- 다중이용시설(극장, 운동장, 음식점 등): 영업 중단 및 대피 유도

■ 공습경보 시
- 지하 대피시설, 민방위 대피소, 고층 건물일 경우 아래층 또는 지하실로 대피

■ 화생방 경보 시

화생방 및 화학무기
- 방독면 착용, 비옷·고무장갑·긴 옷 등으로 피부 노출 최소화
- 방독면이 없으면 수건, 마스크, 옷 등으로 호흡기 보호

- 오염지역 신속 이탈 또는 구조 요청 후 지시에 따름
- 실내 밀봉: 출입문, 창문, 환풍기를 테이프로 봉쇄
- 오염된 부위는 비누·세제로 1분 이상 씻고, 오염된 옷은 비닐봉투에 밀봉

생물학무기 피해

- 병원균 무기 살포로 인해 고열, 호흡곤란, 근육마비 등 증상 유발
- 대표적 병원균: 탄저균, 페스트, 천연두 등
- 음식물·물은 반드시 끓여서 섭취
- 감염자·오염물질과 접촉 피하기, 마스크 착용 후 오염지역 벗어나기

핵 방사능 피해

- 민방위 경보 시 지하철, 터널, 건물 지하 등으로 대피
- 시간이 부족할 경우: 핵폭발 반대방향으로 엎드려 눈·귀 막고 입은 벌린 채 복부는 바닥에 닿지 않게 하기
- 바람 방향 확인 후 낙진 지역 회피
- 최대한 깊숙한 지하로 대피

- 납, 콘크리트 등으로 지어진 시설로 이동
- 입구는 알루미늄 테이프, 천 등으로 막아 낙진 유입 차단

3-3. 전쟁 후

전쟁이 끝났다고 해서 위기가 곧 사라지는 것은 아니다. 인프라가 무너진 사회에서는 식량, 의약품, 주거, 위생 등 모든 생활 기반이 불안정하며, 전쟁의 후유증은 심리적·신체적·사회적 측면에서 장기적으로 영향을 미친다. 따라서 생존을 넘어 회복과 재건을 위해서는 공동체 단위의 협력과 냉정한 판단, 그리고 지속적인 자구 노력이 필요하다.

■ 기본 생존 유지

안전한 장소에 머물기
- 추가 폭격, 약탈, 감염병 확산 위험이 없는지 주변 환경 지속 확인
- 낙진·유독가스 등 2차 오염 가능성 확인 → 외출 전 보호장비 착용

■ 공동 자원 관리

안전한 장소에 머물기
- 발전기, 정수기, 의료용품 등 주요 자원은 공동 사용 및 보호
- 남은 물자 목록을 작성하고 주기적으로 점검

외부와의 연락 시도
- 라디오, 무전기, SOS 반사판 등으로 구조 요청 지속
- 공식 구조대 도착 전까지 최소한의 생존 기반 유지

■ 정부 및 외부 구조 대응

공식 방송/구호 물자 확인
- 라디오 및 공식 채널을 통해 긴급 배급 정보 수신

- 민간단체/UN/적십자 등 외부 구호단체 도착 시 신분증(복사본), 대피 기록 등 제시

재건 지원 정보 정리
- 피해 사진, 위치 정보, 구성원 정보 등 기록 보존
- 정부 보상·복구 프로그램 신청을 위한 증빙 자료 정리

잔해물 정리 및 위협 요소 제거
- 파편, 미폭발물, 붕괴 위험 건물 등은 전문가 도착 전까지 접근 금지
- 지역 안전지도를 갱신하여 공동체 내 공유

에필로그

지구는 지금 말기암 환자와 같다. 이미 한계에 다다랐고, 더 이상 버티기 어려운 상황이다. 이제 지구는 스스로를 파괴하거나 아니면 고통스러운 자가치유의 길을 걸을 수밖에 없다. 그 자가치유의 과정은 곧 지진, 화산 폭발, 해일 같은 재난으로 우리에게 나타날 것이다.

산업화가 초래한 각종 대재해와 화재, 지구 온난화는 우리가 마지막 마지노선이라 불렀던 지구 평균 온도 마지노선 1.5도를 넘은지 오래다. 인간은 더 이상 이 흐름을 멈출 수 없다. 북극의 얼음은 빠르게 녹아내리고, 이는 해수면 상승과 대륙 침몰로 이어지고 있다. 이 모든 것은 결국 우리, 인간이 자초한 일이다.

동물도, 식물도 아닌 우리가 벌인 일이다. 그렇기에 지금이라도 하나씩 바로잡아야 한다. 늦었다고 생각할 때가 가장 빠를 때라는 말처럼, 지금부터라도 우리의 삶을 돌아보고 실천해야 한다. 가정에서든, 직장에서든 자연을 해치는 행동을 줄이고, 오염을 줄이며, 자연을 보호하고 사랑해야 한다.

우리는 더 이상 전쟁과 증오 같은 파괴의 길을 걸어서는 안 된다. 우크라이나 전쟁과 같은 비극은 국가 간의 분쟁일 수도 있지만, 동시에 이웃 간, 나아가 인간 대 인간의 갈등이기도 하다. 이제는 서로를 이해하고 양보하며, 사랑하는 삶으로 돌아가야 한다. 그 길만이 병든 지구가 자생하고 회복할 수 있도록 도울 수 있는 유일한 방법이다.

　그리고, 재난 준비는 생각보다 어렵지 않다. 오히려 아주 간단하고 실용적이다. 유튜브나 인터넷을 조금만 찾아보면 재난 상황에서 무엇을 준비해야 하는지 쉽게 알 수 있다. 가까운 마트나 시장에서 생필품을 미리 사두는 것부터 시작하자. 생활에 필요한 물건들이니 미리 갖추어두는 셈이다. 다이소나 온라인 쇼핑몰에서도 쉽게 구매할 수 있다.

　가끔 점검하며 빠진 물품을 보충하면 된다. 이렇게 조금씩 준비하다 보면 어느새 든든한 대비가 완성된다. 우리는 왜 재난 준비를 해야 할까? 단순한 불안 때문만은 아니다. 산업화, 기후 변화, 전쟁, 전염병은 결국 인간이 만들어낸 결과며, 동시에 우리가 감내해야 할 숙제이자 책임이다.

　과학과 기술로 모든 것을 통제할 수 있다고 믿었던 우리의 오만함은 이제 그 한계를 드러냈다. 어쩌면 이런 시대의 흐름은 인간이 신이 있음을 자각하고, 우리가 신의 존재를 느끼고, 우리가 어떻게 살아가야 하는지 다시 묻고 돌아봐야 하는 시점일지도 모른다.

이 책은 그런 질문과 마음에서 출발했다. 이제는 더 늦기 전에, 삶을 돌아보고 지구와 인간, 우리 모두를 지키기 위한 첫걸음을 내디뎌야 할 때다.

경고하고 준비하는 마음으로
우만직 쓰다.

2025년 6월 15일 초판 1쇄 인쇄
2025년 6월 15일 초판 1쇄 발행

지은이 우만직
펴낸이 우만직
편 집 신다연
마케팅 신다연, 우만직
디자인 차영지
일러스트 박은지(@4okmewarmly)
펴낸곳 서울의샘
출판등록번호 제 2023-000030호
전 화 02- 2608- 8880
이메일 seoulsem67@naver.com
팩 스 050- 4322- 2099
주 소 서울시 양천구 오목로 38길 13-14

ISBN 979-11-983820-2-3
값 10,000원
잘못 제본된 책은 구입하신 곳을 통해 바꿔드립니다.